Nina Stangl

Macht Social Media uns glücklich?

Auswirkungen des Nutzungsverhaltens in sozialen Medien auf das Glücksempfinden und das Selbstwertgefühl der Nutzer

Impressum:

Copyright © Social Plus 2020

Ein Imprint der GRIN Publishing GmbH, München

Druck und Bindung: Books on Demand GmbH, Norderstedt, Germany

Covergestaltung: GRIN Publishing GmbH

Abstract

Die Forschungsarbeit beschäftigt sich mit der Fragestellung, wie sich das Nutzungsverhalten in sozialen Netzwerken unter Berücksichtigung von „fear of missing out" (FOMO) auf das Glücksempfinden und das Selbstwertgefühl der Nutzer und Nutzerinnen auswirkt. Hierfür wird eine Online-Befragung mit 253 Personen durchgeführt. Die Teilnahme ist beschränkt auf Nutzende von sozialen Netzwerken in der Altersspanne von 18-67 Jahren. Der Online-Fragebogen umfasst 10 Items der deutschen Fassung der Rosenberg Self-Esteem Scale und 29 Items der deutschen Fassung des Oxford Questionnaire of Happiness, um die abhängigen Variablen Selbstwertgefühl und Glücksempfinden zu messen. Die unabhängige Variable Nutzungsverhalten in sozialen Netzwerken wird durch die Items Art und Häufigkeit der genutzten Netzwerke, tägliche Nutzungsdauer, Gründe für die Nutzung, berufliche und private Nutzung, FOMO und Abhängigkeit von sozialen Netzwerken erhoben. Hierfür werden die 10 Items der deutschen Fassung der Fear of Missing Out Scale und die 10 Items der deutschen Kurzversion der Smartphone-Sucht-Skala, welche entsprechend auf die Social-Media-Nutzung angepasst wurden, verwendet. Zudem werden die soziodemografischen Merkmale Alter und Geschlecht erhoben. Zur Überprüfung der Forschungsfrage werden vier Hypothesen aufgestellt. Diese werden durch Rangkorrelationen nach Spearman getestet. Es konnte ein mittlerer, negativer Zusammenhang zwischen der täglichen Nutzungsdauer und dem Selbstwertgefühl (r = -.34) sowie ein schwacher, negativer Zusammenhang zwischen der täglichen Nutzungsdauer und dem Glücksempfinden (r = -.24) gezeigt werden. Die Diskussion zeigt Limitationen der Arbeit insbesondere durch die eingeschränkte Repräsentativität der Stichprobe auf und verdeutlicht, dass zukünftig eine Vertiefung der Forschung zu sozialen Vergleichen in sozialen Netzwerken und zur Abhängigkeit von sozialen Netzwerken sinnvoll wäre. Es werden außerdem praktische Nutzungsempfehlungen aus den Ergebnissen der Arbeit abgeleitet.

Inhaltsverzeichnis

Die Thesis hat einen Umfang von 15.916 Wörtern. Grundlage ist der Leitfaden zum wissenschaftlichen Arbeiten in der Wirtschaftspsychologie in der Version 1.1 vom 01.08.2019.

Passagen aus dem Exposé zur Bachelorarbeit mit dem Thema „Werden wir durch Social Media glücklicher? Eine empirische Untersuchung zum Nutzungsverhalten in sozialen Netzwerken in Bezug auf unser Glücksempfinden und unser Selbstwertgefühl." von Nina Stangl, eingereicht am 29.07.2019 im Modul Wirtschaftspsychologisches Forschungsprojekt, werden wörtlich übernommen und im Text durch Kursivschrift gekennzeichnet.

Abbildungsverzeichnis

Tabellenverzeichnis

Abkürzungsverzeichnis

AV	Abhängige Variable
BVDW	Bundesverband Digital Wirtschaft
d-KV-SSS	deutsche Kurzversion der Smartphone Sucht-Skala
FOMO	Fear of missing out
ISS	Internetsuchtskala
OHQ	Oxford Questionnaire of Happiness
SES	Self-Esteem Scale
UV	Unabhängige Variable

1 Einleitung

> „Soziale Medien sind der gegenwärtige Stand der digitalen Gesellschaft,
> Taktgeber der Öffentlichkeit, der Politik [und] des Privatlebens welt-
> weit." (Lobo, 2018, S. 1)

Dieses Zitat im Spiegel Online verdeutlicht, dass soziale Medien im Kontext der zunehmenden Digitalisierung einen sehr großen Stellenwert in unserer Gesellschaft und im Privatleben vieler Menschen erlangt haben. Diese Tatsache veranschaulichen auch die aktuellen Zahlen zur Social-Media-Nutzung in Deutschland. Mittlerweile verwenden 87 % der Internetnutzer in Deutschland soziale Netzwerke, wobei jeder von ihnen im Schnitt in drei sozialen Netzwerken registriert ist (Bitkom, 2018). *In der heutigen Zeit sind Social Media und soziale Netzwerke aus unserem Alltag somit nicht mehr wegzudenken. Durch das breitgefächerte Angebot an verschiedenen sozialen Netzwerken werden verschiedenste Personengruppen angesprochen – und das sehr erfolgreich. In einer Studie des Bundesverbands Digital Wirtschaft (BVDW) zur digitalen Nutzung in Deutschland wurden 967 Personen zu ihrer Nutzungsdauer von sozialen Medien an Wochentagen und am Wochenende befragt. Im Schnitt nutzen die befragten Personen soziale Medien 71 Minuten pro Wochentag. Am Wochenende erhöht sich die Nutzungszeit auf durchschnittlich 80 Minuten pro Tag (Bundesverband Digital Wirtschaft, 2018). Geht man davon aus, dass an einem Wochentag durchschnittlich 8 von 12 Stunden genutzt werden, um einer beruflichen Tätigkeit nachzugehen, dann bleiben täglich ungefähr vier Stunden freie Zeit, die individuell gestaltet werden können. Hiervon wird über eine Stunde – fast 30 % der freien Zeit – mit der Nutzung von sozialen Netzwerken verbracht. Die Gründe für die Nutzung von Social Media sind unterschiedlich. Soziale Netzwerke werden am häufigsten genutzt, um von den Aktivitäten von Freunden zu erfahren, um über aktuelle Nachrichten und Events informiert zu werden und um die freie Zeit zu füllen (Global-WebIndex, 2018). Weitere Nutzungsgründe sind beispielsweise die Suche nach unterhaltsamen Inhalten, um sich mit anderen Leuten zu verbinden, um seine Meinung zu verbreiten oder um Produkte zu suchen, zu finden und zu kaufen (GlobalWebIndex, 2018).*

Diese Zahlen stellen die Bedeutsamkeit von Social Media dar. Doch inwieweit wirkt sich die intensive Nutzung von Social Media auf die Nutzer und Nutzerinnen aus und macht uns Social Media tatsächlich glücklich(er)? In der bestehenden Literatur wurden bisher vor allem die Auswirkungen der Social-Media-Nutzung auf einzelne Persönlichkeitsmerkmale erforscht, wobei meistens der Fokus lediglich auf einer spezifischen Plattform liegt. Diese Forschungsarbeit liefert einen Beitrag zur bestehenden Literatur indem die Zusammenhänge zwischen dem Nutzungsverhalten von unterschiedlichen sozialen Netzwerken unter Berücksichtigung von fear of missing out und den Konstrukten Glück und Selbstwertgefühl untersucht werden. Dabei wird die folgende Forschungsfrage zugrunde gelegt: Wie wirkt sich das Nutzungsverhalten in sozialen Netzwerken und fear of missing out auf das Glücksempfinden und das Selbstwertgefühl der Nutzer und Nutzerinnen aus?

Zu Beginn wird in Kapitel 2 der theoretische Hintergrund mit allen relevanten Konstrukten dargestellt. Das Kapitel endet mit einem Überblick über den aktuellen Forschungsstand und der Ableitung der Forschungsfrage sowie der einzelnen Hypothesen. In Kapitel 3 wird die Methodik, hierbei insbesondere das Untersuchungsdesign, die Stichprobe, die Erhebungsinstrumente sowie das Vorgehen bei der Datenerhebung, -aufbereitung und -auswertung, beschrieben. Anschließend werden in Kapitel 4 die Ergebnisse anhand statistischer Kennzahlen dargestellt. Abschließend werden die Ergebnisse in Kapitel 5 diskutiert. Im Zuge dessen werden die Limitationen der Forschungsarbeit reflektiert und Ansätze sowohl für zukünftige Forschungsarbeiten als auch für die Praxis abgeleitet.

2 Theoretischer Hintergrund und Stand der Forschung

In diesem Kapitel wird der theoretische Hintergrund der Forschungsarbeit beschrieben. Hierzu werden die Begriffe soziale Medien und fear of missing out sowie die Konstrukte Glück und Selbstwertgefühl definiert. Anschließend wird der aktuelle Forschungsstand dargelegt, woraus dann die Forschungsfrage und die Hypothesen abgeleitet werden.

2.1 Soziale Medien

Nach einer Definition des Begriffs soziale Medien werden in diesem Kapitel neben den verschiedenen Gattungen der sozialen Medien auch die Chancen und Risiken der Social-Media-Nutzung thematisiert. Zudem wird auf die Identitätsbildung und das impression management in sozialen Medien eingegangen. *Für den Begriff soziale Medien gibt es eine Vielzahl von Definitionen verschiedener Autoren. Der BVDW veröffentlichte 2016 ein Glossar, in dem die relevanten Begriffe und Abkürzungen aus dem Bereich Social Media definiert werden. Auf diese Definition der sozialen Medien wird in der Arbeit Bezug genommen. Soziale Medien ermöglichen den Nutzenden sowohl den Austausch von Informationen, Meinungen, Eindrücken und Erfahrungen als auch die gemeinsame Gestaltung von medialen Inhalten (Bundesverband Digital Wirtschaft, 2016). Die zentralen Kommunikationsmittel im Bereich der sozialen Medien – welche plattformunabhängig eingesetzt werden können – sind Text, Bild, Audio und Video (Bundesverband Digital Wirtschaft, 2016). Im Gegensatz zu traditionellen Medien können Nutzende von sozialen Medien untereinander soziale Beziehungen aufbauen, indem Sie durch Bewertungen, Kommentare und Empfehlungen aktiv Bezug auf die geteilten Inhalte nehmen. Dies hat zur Folge, dass die Grenze zwischen Konsument und Produzent undeutlich wird (Bundesverband Digital Wirtschaft, 2016).* Aufgrund der vorangegangenen Definition werden die Begriffe soziale Medien und soziale Netzwerke in dieser Arbeit synonym verwendet. Die Motive zur Nutzung von sozialen Netzwerken sind vielfältig. Um diese besser verstehen zu können, wird häufig der Nutzen- und Belohnungsansatz zugrunde gelegt. Der Ansatz dient dazu, nachzuvollziehen, warum und wie Personen aktiv bestimmte Medien verwenden, um ihre spezifischen Bedürfnisse zu befriedigen (Katz & Foulkes, 1962, zitiert nach Dolan, Conduit, Fahy & Goodman, 2016, S. 262). Dieser Ansatz sieht die Menschen somit nicht als passive, sondern als aktive Medienempfänger an (Dolan et al., 2016).

Die sozialen Netzwerke bieten nahezu uneingeschränkte Möglichkeiten zur Kommunikation, Interaktion und Informationsbeschaffung, wodurch insbesondere hier der aktive Nutzer mit seinem individuellen Nutzen und seiner Bedürfnisbefriedigung im Mittelpunkt steht (Ruggiero, 2000).

2.1.1 Gattungen sozialer Medien

Die sozialen Medien lassen sich in die Gattungen Netzwerkplattformen, Multimediaplattformen, Weblogs, Instant-Messaging-Dienste und Wikis unterteilen (Schmidt, 2018, S. 12ff.). In Netzwerkplattformen registrieren sich die Nutzer und Nutzerinnen und geben dabei verschiedene Informationen zu ihrer Person, wie beispielsweise Interessen oder berufliche Kompetenzen, an. Es werden explizite Kontakte mit anderen Nutzenden geknüpft und direkte Nachrichten oder thematische Gruppen dienen dazu, sich mit den Kontakten auszutauschen und das eigene Netzwerk zu erweitern (Schmidt, 2018, S. 12). Beispiele für diese Gattung sind Facebook, Google+, Xing und LinkedIn. Dabei hat Facebook, gemessen an der Zahl der Seitenaufrufe, auch im Jahr 2019 den größten Marktanteil von Social-Media-Portalen in Deutschland (StatCounter, 2019) und gilt bereits seit längerer Zeit als das meistgenutzte soziale Netzwerk in der Gattung der Netzwerkplattformen – nur der Instant-Messaging-Dienst WhatsApp wird häufiger genutzt (ARD/ZDF-Forschungskommission, 2019). *Im Vergleich dazu legen Multimediaplattformen den Fokus weniger auf die einzelnen Nutzer und Nutzerinnen, sondern auf die geteilten Inhalte. Diese Plattformen dienen dem Austausch von Fotos und Videoclips im privaten oder Dateien und Präsentationen im beruflichen Kontext (Schmidt, 2018, S. 13). Zu den Multimediaplattformen zählen beispielsweise YouTube, Instagram und Snapchat aber auch die Plattform SoundCloud zum Austausch von Musikstücken (Schmidt, 2018, S. 13). Unter die Gattung der Weblogs zählen Dokumentationen von Autoren – sogenannten Bloggern – in Form von Online-Tagebüchern und kommentierten Linklisten. Die inhaltliche Gestaltung von Blogs reicht dabei von Alltagsthemen über Politik bis hin zu Fachblogs in beruflichen Spezialgebieten (Schmidt, 2018, S. 13). Jeder der chronologisch rückwärts sortierten Beiträge kann von den Lesern kommentiert und verlinkt werden, wodurch sich ebenfalls eine Konversation ergibt (Schmidt, 2018, S. 13). Instant-Messaging-Dienste – wie beispielsweise WhatsApp und der Facebook Messenger – verbinden die Merkmale von Netzwerkplattformen mit klassischen Chat- bzw. SMS-Systemen (Schmidt, 2018, S. 14). Sie werden zum Austausch von Textnachrichten oder Bildern mit einzelnen Kontakten oder in Gruppen genutzt. Auch die Plattform Skype, die eine auf Videotelefonie basierende Kommunikation ermöglicht, zählt zu den Instant-Messaging-Diensten (Schmidt, 2018, S. 14f.). Die Gattung der Wikis ist vor allem aufgrund der Online-Enzyklopädie Wikipedia bekannt. Wikis dienen außerdem zum Wissensaustausch innerhalb von Organisationen sowie zur gemeinschaftlichen Dokumentation und öffentlich zugänglichen Sammlung von Ideen einzelner Personen (Schmidt, 2018, S. 15).* Die Betrachtung aller dargestellten Gattungen wäre für diese Arbeit zu umfangreich. Die Netzwerk- und Multimediaplattformen sind weit verbreitet und konzentrieren sich vorrangig auf die Nutzer und Nutzerinnen und deren geteilte Inhalte. Daher liegt der Schwerpunkt in dieser Arbeit auf diesen beiden Gattungen.

2.1.2 Chancen und Risiken durch die Nutzung sozialer Medien

Die Nutzung sozialer Medien bringt sowohl Chancen als auch Risiken mit sich, die verstärkt auf individueller Ebene, aber zum Teil auch auf gesellschaftlicher Ebene einzuordnen sind. Auf der individuellen Ebene schätzen die meisten Nutzer und Nutzerinnen an den sozialen Netzwerken insbesondere die Möglichkeit der sozialen Vernetzung durch Interaktion und Kontaktpflege mit anderen Nutzenden (Leiner, 2012, S. 116). Im Umkehrschluss besteht dadurch das Risiko, dass der persönliche Kontakt bei übermäßiger Nutzung von sozialen Netzwerken zunehmend reduziert wird. Durch die Vernetzung mit dem sozialen Umfeld und entsprechendes Feedback durch soziale Signale wie Kommentare oder „Gefällt mir"-Angaben, tragen soziale Netzwerke ebenfalls zur Identitätsbildung bei (Schmidt, 2018, S. 33f.). In diesem Kontext ergibt sich immer auch das Risiko des impression management, wodurch bestimmte Persönlichkeitsfacetten oder Situationen im Austausch mit anderen in den Vordergrund gerückt werden, während andere Aspekte ausgelassen werden (Schmidt, 2018, S. 32f.). Soziale Medien ermöglichen den Nutzenden individuellen Zugang zu Wissen, da Informationen zeitlich versetzt und trotz räumlicher Entfernung zusammengetragen werden können. Dies führt auch auf gesellschaftlicher Ebene zu einer positiven Entwicklung der Wissensbasis der Gesellschaft (Schmidt, 2018, S. 91). Das Risiko dabei besteht in einer zunehmenden Informationsflut, die es erschwert, die Fülle an Informationen zu ordnen und das Relevante vom Irrelevanten zu trennen. Durch den Zugang zu zahlreichen Informationen erhöhen soziale Medien außerdem die Meinungsvielfalt auf gesellschaftlicher Ebene. Das Risiko hierbei ist, dass nicht nur demokratisch erstrebenswerte Meinungen zunehmen, sondern zum Teil auch zweifelhafte oder bedrohliche Ansichten an Zuwachs gewinnen können (Schmidt, 2018, S. 66). In diesem Kontext stellen auch sogenannte Filterblasen und Echokammern ein Risiko dar. Diese entstehen, wenn Menschen in bestimmten Situationen beziehungsweise Kommunikationsräumen nur noch mit Informationen konfrontiert werden, die ihrem eigenen Weltbild entsprechen (Schmidt, 2019, S. 44). Filterblasen entstehen dabei durch die vorzeitige Selektion der dargebotenen Informationen, während Echokammern durch das Fehlen von anderen Meinungen und Gegenargumenten entstehen (Schmidt, 2019, S. 44f.). Soziale Medien agieren zunächst nur als Intermediäre – also als Vermittler von Informationen – wobei sie Filter- und Empfehlungsalgorithmen einsetzen, um die zur Verfügung stehenden Informationen entsprechend zu selektieren (Schmidt, 2019, S.43) und so zur Entstehung von Filterblasen und Echokammern beitragen können.

2.1.3 Identitätsbildung und Impression Management in sozialen Medien

Die Grundlage zur Beschreibung der lebenslangen Identitätsentwicklung bietet das Stufenmodell der psychosozialen Entwicklung des Entwicklungspsychologen Erik Erikson. Die Identität ist beschrieben als das Bewusstsein einer Person sich durch Individualität von anderen Personen zu unterscheiden und dabei über die Zeit und über verschiedene Situationen hinweg grundlegend dieselbe Person zu bleiben, die sich durch charakteristische Merkmale auszeichnet (Döring, 2003, S. 325). Heutzutage wird Identität als eine komplexe Konstruktion aufgefasst, die aus vielen einzelnen Elementen – sogenannten Teil-Identitäten – besteht, welche situationsspezifisch aktiviert werden (Döring, 2003, S. 325). Die Identitätsbildung findet heutzutage aufgrund der voranschreitenden Digitalisierung häufig auch in digitalen Räumen – wie beispielsweise den sozialen Medien – statt. Die vielfältigen Inhalte in sozialen Medien bieten zunächst ein breitgefächertes Spektrum an Mitteln zur Ausprägung von Identitätsmustern (Schorb, 2006, S. 157). Dabei entscheiden die Nutzer und Nutzerinnen eigenständig, welches Material ihren bereits bestehenden Teil-Identitäten und Interessen entspricht und welche Inhalte sie in ihre Identitätsbildung nicht einbeziehen möchten beziehungsweise können (Schorb, 2006, S.158). Soziale Netzwerke begünstigen die veränderte Identitätskonstruktion zum einen durch die Möglichkeit der optimierten Selbstdarstellung und zum anderen durch die Steigerung von Anerkennung und sozialer Akzeptanz durch Rückmeldungen von den geknüpften Kontakten in sozialen Netzwerken (Unger, 2014, S. 53). Die Identitätsbildung in sozialen Medien ist nicht isoliert zu betrachten, sondern führt bei situations- und beziehungsangemessener Medienwahl zur Veränderung oder Entstehung neuer Teil-Identitäten (Döring, 2003, S. 401). Somit kann auch die Unterstellung eines Identitätsverlustes durch Internet-Kommunikation zurückgewiesen werden (Döring, 2003, S. 401). In sozialen Netzwerken werden die Nutzer und Nutzerinnen durch eine Mischung aus nutzerdefinierten, systemgenerierten und mitnutzerproduzierten Eigenschaften repräsentiert, wobei die Gestaltung dieser Aspekte zum Teil den Nutzenden obliegt – beispielsweise durch die Wahl eines sympathisch wirkenden Profilbildes oder die Anzahl der geknüpften Kontakte (Döring, 2003, S. 343). Nutzerdefinierte Angaben, wie beispielsweise die Erstellung eines persönlichen Profils, dienen den Nutzern und Nutzerinnen dazu, sich selbst zu charakterisieren (Döring, 2003, S. 342). Zu den systemgenerierten Informationen, die das objektive Nutzungsverhalten repräsentieren, zählt beispielsweise das Datum des letzten Logins, während mitnutzerproduzierte Informationen durch direkte und indirekte Kommentare und Bewertungen der Mitnutzer entstehen (Döring, 2003, S.342). Die sozialen Medien bieten vielfältige Gestaltungsmöglichkeiten zur individuellen Selbstdarstellung, wobei hierbei häufig auch das aktive Management von Eindrücken eine zentrale Rolle spielt. Ziel des impression management ist es, durch eine gezielt gesteuerte Selbstdarstellung einen günstigen Eindruck bei anderen Personen zu hinterlassen, wobei dieser Eindruck nicht zwingend positiv, sondern in erster Linie zielkonform – in Abhängigkeit vom Kontext – ist (Döring, 2003, S. 334). Es lassen sich dabei grundsätzlich zwei Arten unterscheiden: das defensive und das assertive impression management (Döring, 2003, S. 336). Während das defensive impression management das Ziel verfolgt, negative Eindrücke zu verhindern, dient das assertive impression management dazu, positive Eindrücke zu erzeugen (Döring, 2003, S. 336). Im Social-Media-Kontext ist daher vor allem das assertive impression management relevant. Die Ursache für das aktive Management von Eindrücken liegt darin, dass Menschen – in Abhängigkeit zur jeweiligen Situation – immer in unterschiedlichen Rollen handeln, die mit spezifischen Erwartungen verknüpft sind (Schmidt, 2018, S. 33). Diese Begründung lässt sich ebenfalls auf soziale Medien übertragen, da dort unterschiedliche soziale Rollenbilder in Abhängigkeit von den genutzten Netzwerken eingenommen werden – so präsentieren sich Nutzer und Nutzerinnen auf beruflichen Plattformen anders als in Netzwerken, in denen sie mit Freunden und Bekannten in Kontakt treten und private Inhalte teilen (Schmidt, 2018, S. 33).

2.2 Fear of Missing Out

Das Konzept FOMO beschreibt die allgegenwärtige Befürchtung einer Person, dass Andere positive, lohnende Ereignisse erleben, an denen die betroffene Person nicht teilnimmt. Der andauernde Wunsch, darüber Bescheid zu wissen, was Andere tun ist ebenfalls symptomatisch für FOMO (Przybylski, Murayama, DeHaan & Gladwell, 2013). Die Grundlage für das Konzept FOMO liefert die Theorie des sozialen Vergleichs, welche davon ausgeht, dass Menschen ein stetiges Bedürfnis zur Selbstbewertung haben, die auf Vergleichen mit anderen Personen beruht (Festinger,

1954). FOMO wird zunehmend im Zusammenhang mit Social Media thematisiert und gilt bereits als erste Social-Media-Krankheit, da die Angst etwas zu verpassen durch soziale Medien und mobile Kommunikationsmittel begünstigt wird (Soltau, 2018). Die Nutzung von sozialen Netzwerken ermöglicht es, ständig mit Freunden und Bekannten in Verbindung zu bleiben und einen Einblick in deren Aktivitäten zu erlangen. Neben den zahlreichen Möglichkeiten der Selbstdarstellung, bieten soziale Netzwerke somit zusätzlich eine gute Möglichkeit für soziale Vergleichsprozesse. Die daraus resultierende Annahme, dass es einen Zusammenhang zwischen der Nutzung von sozialen Netzwerken und FOMO gibt, konnten Przybylski, Murayama, DeHaan und Gladwell (2013) bereits darlegen. Sie zeigten, dass FOMO mit einem verstärkten Engagement in sozialen Netzwerken einhergeht. FOMO korreliert außerdem negativ mit dem Alter, wobei insbesondere Männer im jungen Erwachsenenalter die höchsten Ausprägungen von FOMO zeigten (Przybylski et al., 2013). Es konnte zudem gezeigt werden, dass es Zusammenhänge zwischen FOMO und der psychischen Gesundheit gibt. Personen, die eine hohe Ausprägung der FOMO haben, zeigen mehr depressive Symptome und sind weniger aufmerksam (Baker, Krieger & LeRoy, 2016). Des Weiteren besteht ein signifikanter, negativer Zusammenhang zwischen FOMO und der allgemeinen Lebenszufriedenheit (Przybylski et al., 2013).

2.3 Glück

Nach der Abgrenzung und Begriffsdefinition des Konstruktes Glück werden in diesem Kapitel die Einflussfaktoren auf das Glücksempfinden sowie die Auswirkungen des Glücklichseins dargelegt. Das Konstrukt Glück ist schon seit einiger Zeit in den Fokus der psychologischen Forschung geraten. Neben dem Begriff Glück gibt es zahlreiche ähnliche Begriffe, wie beispielsweise subjektives oder psychisches Wohlbefinden oder allgemeine Lebenszufriedenheit, welche ebenfalls häufig Fokus von Forschungsarbeiten sind und zum Teil synonym verwendet werden. Daher erfolgt zunächst eine klare Einordnung und Abgrenzung des Begriffs Glück. Die empirische Untersuchung des Wohlbefindens lieferte zwei grundlegende Perspektiven – die hedonistische und die eudämonistische (Ryan & Deci, 2001). Beim hedonistischen Ansatz steht das Glück im Fokus, welches durch Maximierung von Freude und Schmerzvermeidung erreicht wird, wohingegen der eudämonistische Ansatz das Wohlbefinden durch den Grad der individuellen Selbstverwirklichung definiert (Ryan & Deci, 2001). Die Grundlage dieser Forschungsarbeit ist die hedonistische Perspektive. *In dieser Arbeit wird lediglich das Glück als subjektives*

Wohlbefinden – also das Glücklichsein – betrachtet. Das Glückhaben ist nicht von Bedeutung. Das subjektive Wohlbefinden kann differenziert werden in das emotionale und das kognitive Wohlbefinden (Ruckriegel, 2015). Das emotionale Wohlbefinden beschreibt die aktuelle Gefühlslage einer Person, die von positiven und negativen alltäglichen Einflüssen abhängt. Das kognitive Wohlbefinden stellt hingegen eine gesamthafte Bewertung des eigenen Lebens dar, welche in der allgemeinen Lebenszufriedenheit resultiert (Ruckriegel, 2015). Es bewährte sich vor allem im Forschungskontext, Glück als ein mehrdimensionales Konstrukt, mit den drei Hauptdimensionen allgemeine Lebenszufriedenheit, positive und negative situative Einflüsse, zu betrachten und zu messen (Argyle, 2002, S. 14). Die drei Dimensionen sind miteinander korreliert und lassen sich jeweils durch einzelne Fragen messen. Es bietet sich jedoch an, das Konstrukt Glück gesamthaft in einer längeren Skala zu messen (Argyle, 2002, S. 22). Hierfür wurde der Oxford Questionnaire of Happiness von Michael Argyle entwickelt.

2.3.1 Einflussfaktoren auf das Glücksempfinden

Das Glücksempfinden wird von zahlreichen Faktoren beeinflusst. Zunächst ist hervorzuheben, dass die naheliegenden Einflussfaktoren Alter und Geschlecht kaum Aufschluss über das Glücksempfinden geben (Myers, 2000). Zu den objektiven Faktoren zählen Geld beziehungsweise Einkommen, Arbeitszufriedenheit, Zufriedenheit mit der Freizeit und soziale Beziehungen. *Der naheliegende Einflussfaktor Geld hat für Menschen in armen Ländern einen Einfluss auf das Glücksempfinden – für die meisten Menschen, die genug Geld zur Verfügung haben, um ihre Grundbedürfnisse zu befriedigen, hat Geld jedoch nur einen sehr geringen Einfluss (Argyle, 2002, S. 222). Die Arbeitszufriedenheit – die vor allem durch die sozialen Aspekte der Arbeit, wie kooperatives Arbeiten in kleinen Teams und unterstützende Vorgesetze, geprägt wird - wirkt sich ebenfalls auf das Glücksempfinden aus (Argyle, 2002, S. 224).* Der Zusammenhang zwischen der Arbeitszufriedenheit und dem subjektiven Wohlbefinden ist jedoch sehr vielfältig und komplex, da es zahlreiche Theorien gibt, die jeweils spezifische Einflussfaktoren für die Arbeitszufriedenheit zugrunde legen (Furnham, 1991, S. 257). Neben der Arbeitszufriedenheit ist auch die Zufriedenheit mit der eigenen Freizeitgestaltung ein Einflussfaktor auf das Glücksempfinden. Viele Freizeitaktivitäten, wie beispielsweise Sport, Gartenarbeit oder Unternehmungen mit Freunden, lösen intrinsische Zufriedenheit aus (Argyle & Martin, 1991, S. 90). Außerdem beinhalten die meisten Freizeitaktivitäten eine soziale Komponente, da diese gemeinsam mit anderen ausgeübt werden (Argyle & Martin, 1991, S. 90). *Die sozialen Beziehungen haben einen enormen Einfluss auf das Glücklichsein, da sie die*

Grundlage für die meisten unserer positiven Lebensereignisse sind (Argyle, 2002, S. 224). Neben sozialen Beziehungen im Familienleben und Freundschaften konnte für Ehe der größte positive Effekt auf das Glücksempfinden festgestellt werden. Dabei zeigten Veroff et. Al (1981, zitiert nach Argyle & Martin, 1991, S. 84) in ihrer Studie, dass der Anteil glücklicher, verheirateter Männer und Frauen im Schnitt mindestens 16 % höher war als der Anteil glücklicher alleinstehender oder geschiedener Personen. Das Glücksempfinden wird neben den objektiven Einflussfaktoren auch von Persönlichkeitseigenschaften bestimmt. Bei Betrachtung der Persönlichkeitsmerkmale konnte gezeigt werden, dass Extraversion ein sehr guter Prädiktor für das individuelle Glücksempfinden ist (Argyle & Martin, 1991, S. 92). *Extrovertierte Menschen sind eher glücklich als Introvertierte (Argyle, 2002, S. 225).* Ein weiterer Einflussfaktor auf das individuelle Glücksempfinden sind unterschiedliche Formen der Attribution. Glückliche Personen neigen zu selbstwertdienlicher Attribution, wobei sie ausschließlich gute Ereignisse internalen, stabilen Faktoren zuschreiben (Martin, Argyle & Crossland, 1988, zitiert nach Argyle & Martin, 1991, S. 93). Des Weiteren bedingt die individuelle genetische Ausstattung der Personen ebenfalls zu einem großen Anteil die Unterschiede im Glücksempfinden. *Demnach sind circa 40-60 % der Unterschiede zwischen Personen im Glücksempfinden auf die Gene zurückzuführen (Frey, 2017, S. 13).*

2.3.2 Auswirkungen des Glücklichseins

Die Auswirkungen des Glücklichseins auf unterschiedlichste Lebensbereiche wurden zahlreich erforscht. Es wurde gezeigt, dass glückliche Menschen zu häufigeren und qualitativ hochwertigeren sozialen Interaktionen neigen als unglückliche Menschen (Argyle, 2002, S. 215). Glückliche Menschen sind außerdem selbstbewusster und nehmen die Welt als sicherer wahr (Myers, 2014, S. 516). Sie verhalten sich gegenüber ihrem Umfeld toleranter und kooperativer und es fällt ihnen leichter, Entscheidungen zu treffen (Myers, 2014, S. 516). *Laut Okun et al. (1984, zitiert nach Argyle, 2002, S. 219) besteht zwischen Glück und Gesundheit eine durchschnittliche Korrelation von r = .32 – dieser Effekt war vor allem bei alten Menschen und Frauen stärker ausgeprägt. Das Glücklichsein trägt somit auch zur Verbesserung der physischen und mentalen Gesundheit bei. Es wirkt sich allerdings nicht nur positiv auf die eigene Person aus, sondern führt auch dazu, dass Menschen eher dazu bereit sind, Gutes zu tun (Myers, 2014, S. 516). Dieser Feel-good-do-good Effekt bewirkt beispielsweise, dass glückliche Menschen zu einer höheren Hilfsbereitschaft gegenüber den Menschen in ihrem Umfeld neigen (Isen & Levin, 1972).*

Es trifft jedoch auch der umgekehrte Effekt zu, sodass sich das subjektive Wohlbefinden steigert, wenn man Gutes tut (Myers, 2014, S. 516). *Glücklich zu sein ist somit ein Zustand, der von den Menschen langfristig angestrebt wird.*

2.4 Selbstwertgefühl

In diesem Kapitel erfolgt nach der Definition des Selbstwertgefühls eine Differenzierung der verschiedenen Formen des Selbstwertgefühls. Anschließend werden die Auswirkungen des Selbstwertgefühls behandelt. *Das Selbstkonzept beschreibt, wie sich eine Person selbst einschätzt. Das Selbstwertgefühl geht aus der entsprechenden positiven oder negativen Bewertung der eigenen Selbsteinschätzung hervor (Petersen, Stahlberg, & Frey, 2006, S. 40). Das Selbstwertgefühl resultiert aus zahlreichen Gegebenheiten und Ereignissen, wobei die drei häufigsten Quellen des Selbstwertgefühls Introspektion und Selbstwahrnehmung, soziale Rückmeldung und Prozesse des sozialen Vergleichs sind (Petersen et al., 2006, S. 41).* Die Introspektion umfasst die Beschreibung und Analyse des eigenen Verhaltens und Erlebens durch die Wahrnehmung des eigenen Inneren und ist somit die Grundlage für die Entstehung des Selbstbewusstseins (Ispaylar, 2016, S. 181). Durch die Beobachtung und Analyse der eigenen Verhaltensmuster in der Vergangenheit erschließen sich Menschen ihre Einstellungen und Überzeugungen – dies wird in der Selbstwahrnehmungstheorie beschrieben (Behm, 1972, zitiert nach Ispaylar, 2016, S. 181). Soziale Rückmeldungen durch Interaktionen mit anderen Personen tragen ebenfalls dazu bei, dass Menschen etwas über den Wert der eigenen Person lernen (Petersen et al., 2006, S. 42). Hierbei werden jedoch nicht alle sozialen Rückmeldungen uneingeschränkt und unverändert in das Selbstkonzept aufgenommen (Petersen et al., 2006, S. 43). Insbesondere soziale Rückmeldungen, die positiv von der eigenen Selbstwahrnehmung abweichen oder dazu beitragen können, idealisierte Aspekte des Selbstkonzepts zu realisieren, haben einen starken Einfluss auf das eigene Selbstwertgefühl (Dauenheimer, Stahlberg & Petersen, 1999, zitiert nach Petersen et al., 2006, S. 43). *Die Theorie des sozialen Vergleichs besagt, dass Menschen den inneren Drang haben, ihre Meinungen und Fähigkeiten zu bewerten (Festinger, 1954). Diese Bewertung erfolgt durch Vergleiche mit anderen Personen (Festinger, 1954). Soziale Vergleiche wirken sich dabei sowohl auf die emotionale Ebene (Selbstwertgefühl) als auch auf die kognitive Ebene (Selbstkonzept) und die motivationale und verhaltensbezogene Ebene (Selbstentwicklung) aus (Döring, 2013, S. 300). Es lassen sich drei Arten von sozialen Vergleichen unterscheiden. Aufwärts-Vergleiche werden mit Personen durchgeführt, die in einem bestimmten Merkmal überlegen sind.*

Durch das Nacheifern eines Vorbilds können diese Vergleiche zum einen als Ansporn dienen, zum anderen können sie sich negativ auf das Selbstwertgefühl auswirken, wenn das Erreichen des Vergleichsstandards nicht möglich ist (Döring, 2013, S. 300). Abwärts-Vergleiche können das Selbstwertgefühl steigern und bei der Bewältigung von schwierigen Lebenssituationen hilfreich sein, indem der Vergleich mit unterlegenen Personen durchgeführt wird (Döring, 2013, S. 300). Horizontale Vergleiche tragen zu realistischen Selbsteinschätzungen bei, da man sich mit Personen vergleicht, die ähnliche Ausprägungen und Voraussetzungen haben (Döring, 2013, S. 300).

2.4.1 Formen des Selbstwertgefühls

In der Literatur gibt es zahlreiche Ansätze zur Differenzierung des Selbstwertgefühls. Bei Betrachtung der zeitlichen Stabilität des Selbstwertgefühls lassen sich das habituelle Selbstwertgefühl (trait self-esteem), welches vor allem im Erwachsenenalter relativ stabil ist, und das situationsspezifische Selbstwertgefühl (state self-esteem), welches aufgrund von situativen Umständen variiert, unterscheiden (Petersen et al., 2006, S. 40). Es erfolgt außerdem eine Abgrenzung des impliziten und expliziten Selbstwertgefühls, wobei das explizite Selbstwertgefühl bewusst ist und kognitiver Kontrolle unterliegt und das implizite Selbstwertgefühl auf unbewussten, affektiven Assoziationen beruht (Kernis et al., 2008, zitiert nach Jünemann, 2016, S. 189). Eine weitere, verbreitete Differenzierung des Selbstwertgefühls ist die Unterscheidung des globalen und des spezifischen Selbstwertgefühls (Sowislo & Orth, 2013). Das globale Selbstwertgefühl umfasst die gesamthafte Bewertung des Selbst, wohingegen das spezifische Selbstwertgefühl bereichsspezifisch, zum Beispiel im Bereich der intellektuellen Fähigkeiten oder sozialen Kompetenz, betrachtet wird (Sowislo & Orth, 2013). Da in dieser Arbeit kein spezifischer Bereich des Selbstwertgefühls untersucht werden soll, liegt der Fokus auf dem globalen Selbstwertgefühl. Zur Messung des globalen Selbstwertgefühls wurde die Self-Esteem Skala von Morris Rosenberg entwickelt.

2.4.2 Auswirkungen des Selbstwertgefühls

Zwischen dem Selbstwertgefühl und der Lebenszufriedenheit konnte ein starker, positiver Zusammenhang von .47 festgestellt werden (Diener & Diener, 1995). Im Leistungskontext verfügen Menschen mit einem hohen Selbstwertgefühl über bessere Strategien zur Selbstregulierung (Baumeister, Campbell, Krueger & Vohs, 2003). *Whisman und Kwon (1993, zitiert nach Petersen et al., 2006, S. 44) stellten fest, dass Personen mit hohem Selbstwertgefühl Belastungen als weniger gravierend wahrnehmen und effektiver bewältigen.* Für die Persönlichkeitsmerkmale Kontrolle, Optimismus, Extraversion und Kritikfähigkeit besteht ein positiver Zusammenhang mit dem Selbstwertgefühl (Özsaker, 2013, zitiert nach Jünemann, 2016, S. 191). *Es konnte außerdem gezeigt werden, dass Personen mit einem geringeren Selbstwertgefühl anfälliger für Depressionen sind (Sowislo & Orth, 2013).*

2.5 Stand der Forschung und Ableitung der Forschungsfrage und Hypothesen

2.5.1 Social Media

Das Konstrukt Social Media wurde bereits zahlreich untersucht. Der Fokus der meisten Studien liegt dabei auf der Netzwerkplattform Facebook, die sich in den vergangenen Jahren großer Popularität erfreute. In dieser Arbeit liegt der Fokus jedoch nicht auf einer spezifischen Plattform. Stattdessen werden neun Social-Media-Kanäle in die Untersuchung miteinbezogen. Gemessen an der Nutzungshäufigkeit wird zur Beschreibung der Stichprobe ebenfalls überprüft, welche Netzwerke innerhalb der Stichprobe am häufigsten genutzt werden und somit unter den Befragten am beliebtesten sind.

2.5.2 Social Media und Glück

In der bestehenden Forschung wurde Social Media kaum in Bezug auf das Glücksempfinden, vermehrt jedoch in Zusammenhang mit der allgemeinen Lebenszufriedenheit beziehungsweise dem psychischen Wohlbefinden untersucht. Bereits 1998 zeigten Kraut et al., dass die Nutzung des Internets die soziale Einbindung und das psychische Wohlbefinden negativ beeinflusst. *Eine weitere Studie zeigte, dass eine signifikante, negative Korrelation (r = -.154, p < .01) zwischen der Nutzungsdauer von Facebook und der Lebenszufriedenheit der Nutzer und Nutzerinnen besteht (Vigil & Wu, 2015).* Es konnte außerdem dargelegt werden, dass eine problematische, exzessive Facebook-Nutzung zu einem geringeren allgemeinen Wohlbefinden führt (Satici & Uysal, 2015). Die negativen Zusammenhänge zwischen Social-Media-Nutzung und der zunehmenden sozialen Unzufriedenheit sowie dem sinkenden Glücksempfinden wurden von Bollen, Goncalves, van de Leemput und Ruan (2017) auf das Freundschaftsparadox zurückgeführt. Das Freundschaftsparadoxon entsteht vor allem bei der Nutzung von sozialen Netzwerken und meint, dass Nutzer und Nutzerinnen unvorteilhafte Vergleiche anstellen und dadurch zu der Ansicht gelangen, sie seien weniger beliebt und weniger glücklich als ihre Freunde (Bollen et al., 2017).

2.5.3 Social Media und Selbstwertgefühl

Jan, Soomro und Ahmad (2017) berichteten eine starke, negative Korrelation zwischen der täglichen Nutzungsdauer von Facebook und dem Selbstwertgefühl der Nutzer und Nutzerinnen ($r = -.93$, $p < .01$). Die Studie von Hawi und Samaha (2017) konnte hingegen nur eine schwache, negative Korrelation zwischen der Abhängigkeit von sozialen Netzwerken und dem Selbstwertgefühl zeigen ($r = -.23$, $p < .01$). *Es konnte durch eine Korrelation von r = .26 (p < .01) zusätzlich gezeigt werden, dass die Nutzungsdauer von Facebook die Durchführung von sozialen Vergleichen begünstigt – dabei überwiegt im Durchschnitt die Zahl an aufwärtsgerichteten Vergleichen (Vogel, Rose, Roberts, & Eckles, 2014).* Bei Betrachtung dreier Gruppen von Personen mit unterschiedlichen Stadien der Facebook-Sucht wird deutlich, dass das Selbstwertgefühl mit zunehmender Facebook-Sucht geringer wird (Blachnio, Przepiorka & Pantic, 2016). Für das Selbstwertgefühl konnten außerdem Mediatoreigenschaften für den Zusammenhang zwischen Social-Media-Abhängigkeit und Lebenszufriedenheit gezeigt werden (Hawi & Samaha, 2017).

2.5.4 Glück und Selbstwertgefühl

Die Forschung zu den Zusammenhängen der Konstrukte Glück und Selbstwertgefühl zeigte, dass diese *zwei unterschiedliche, voneinander abzutrennende Konstrukte sind, für die jedoch eine hohe positive Korrelation (r = .58) besteht (Lyubomirsky, Tkach, & DiMatteo, 2006). Es konnte außerdem gezeigt werden, dass die einflussreichsten Prädiktoren für das Konstrukt Glück das Selbstwertgefühl und die Persönlichkeit sind (Furnham & Cheng, 2000).* Es lässt sich erkennen, dass sich ein hohes Selbstwertgefühl positiv auf das individuelle Glücksempfinden auswirkt (Baumeister et al., 2003). *In einer nationenübergreifenden Studie zum Selbstwertgefühl wurde festgestellt, dass Männer im Durchschnitt ein höheres Selbstwertgefühl haben als Frauen (Bleidorn et al., 2016). Des Weiteren zeigte sich für beide Geschlechter eine altersbedingte Steigerung des Selbstwertgefühls von der Pubertät bis in das mittlere Erwachsenenalter (Bleidorn et al., 2016). Bei der Differenzierung des Selbstwertgefühls wurde nachgewiesen, dass das globale Selbstwertgefühl deutlich stärker mit dem Glücksempfinden korreliert (r = .499, p < .001) als das spezifische – in dieser Studie insbesondere das akademische Selbstwertgefühl (r = .105, p < .001) (Rosenberg, Schooler, Schoenbach, & Rosenberg, 1995).*

Als Ausgangspunkt für diese empirische Forschungsarbeit wird die zentrale Forschungsfrage „Wie wirkt sich das Nutzungsverhalten in sozialen Netzwerken und „fear of missing out" auf das Glücksempfinden und das Selbstwertgefühl der Nutzer und Nutzerinnen aus?" zugrunde gelegt. *Zur Beantwortung der Forschungsfrage wurden vier Hypothesen aufgestellt, die anhand der dazugehörigen Nullhypothesen getestet werden* (siehe Abbildung 1).

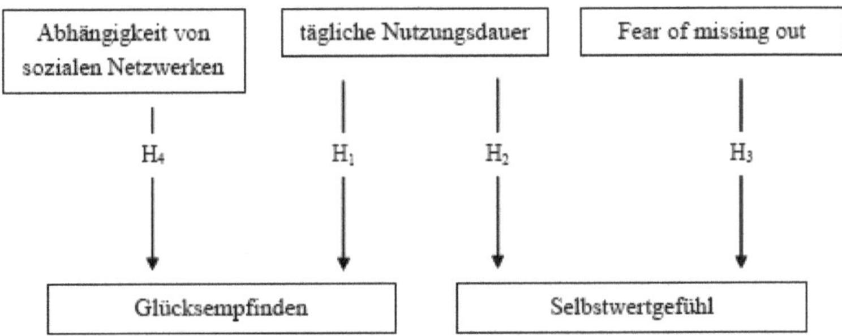

Abbildung 1. Visualisierung der Hypothesen (Eigene Darstellung).

H_1: Es besteht ein negativer Zusammenhang zwischen der täglichen Nutzungsdauer von sozialen Netzwerken und dem Glücksempfinden.

H_2: Es besteht ein negativer Zusammenhang zwischen der täglichen Nutzungsdauer von sozialen Netzwerken und dem Selbstwertgefühl.

H_3: Es besteht ein negativer Zusammenhang zwischen der Angst auf sozialen Netzwerken etwas zu verpassen und dem Selbstwertgefühl.

H_4: Es besteht ein negativer Zusammenhang zwischen der Abhängigkeit von sozialen Netzwerken (Social-Media-Sucht) und dem Glücksempfinden.

3 Methode

In diesem Kapitel wird das methodische Vorgehen skizziert. Hierfür werden zu Beginn das Untersuchungsdesign, die Stichprobe und die Erhebungsinstrumente dargestellt. Anschließend folgt eine Beschreibung der Datenerhebung, -aufbereitung und -auswertung.

3.1 Untersuchungsdesign

Für die Forschungsarbeit wurde ein quantitatives Untersuchungsdesign gewählt. Mit dieser Methode sollen die Zusammenhänge zwischen der unabhängigen Variable (UV) Nutzungsverhalten Social Media und den beiden abhängigen Variablen (AV) Glücksempfinden und Selbstwertgefühl untersucht werden. Hierzu wurden vier gerichtete, unspezifische Zusammenhangshypothesen aufgestellt. Diese wurden in Kapitel 2.5 beschrieben. Die UV ist zunächst nicht direkt messbar und stellte somit eine latente Variable dar. Um das Nutzungsverhalten in den sozialen Medien messbar zu machen, wurden sechs Indikatoren verwendet. Das Untersuchungsdesign wird anhand der Abbildung2 verdeutlicht. Dabei haben die hervorgehobenen Variablen Relevanz zur Überprüfung der aufgestellten Hypothesen, während alle weiteren Variablen zur Beschreibung der Stichprobe erhoben werden.

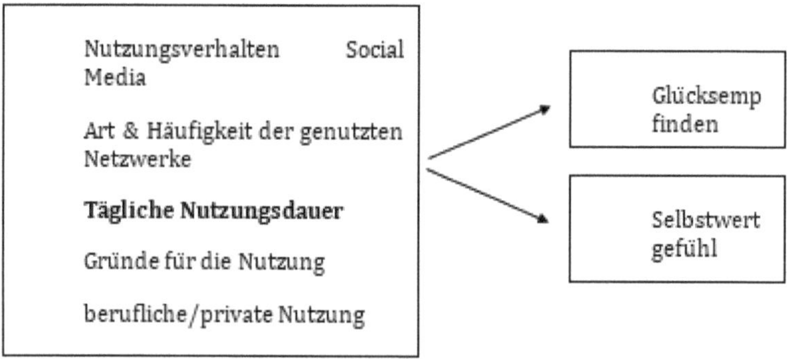

Abbildung 2. Variablen des Untersuchungsdesigns (Eigene Darstellung).

Als erste Variable der UV Nutzungsverhalten Social Media wurde die Art und Häufigkeit der genutzten Netzwerke abgefragt. Bisherige Studien beschränken sich meist auf die Betrachtung einzelner Netzwerke wie beispielsweise Facebook. Die Variable diente deshalb vor allem dazu, einen Überblick darüber zu erhalten, welche Netzwerke in der Stichprobe wie häufig genutzt werden. Anschließend wurde die tägliche Nutzungsdauer von sozialen Netzwerken erhoben. Durch das Testen der H_1 und H_2 soll geprüft werden, ob bisherige Forschungsergebnisse auch für diese Stichprobe zutreffen. Die Variable Gründe für die Nutzung sozialer Netzwerke soll Rückschlüsse auf die Nutzungsmotive der Teilnehmenden ermöglichen. Durch die Variable berufliche und private Nutzung von sozialen Netzwerken soll abgewogen werden, ob es sinnvoll ist, das Thema Social-Media-Nutzung separiert im privaten und beruflichen Kontext zu betrachten. Da das Konzept FOMO, wie im Kapitel 2.2 beschrieben, vor allem im Social-Media-Kontext zunehmend relevant wird, wurde dieses ebenfalls als Kategorie des Nutzungsverhaltens erhoben. Um die Angaben der täglichen Nutzungsdauer besser einordnen zu können, wurde abschließend ebenfalls die Variable Abhängigkeit von sozialen Netzwerken als Teil des Nutzungsverhaltens erhoben. Die zur Operationalisierung der Konstrukte verwendeten Erhebungsinstrumente werden im Kapitel 3.3 im Detail dargestellt. *Da der thematische Schwerpunkt der Untersuchung auf der Nutzung von sozialen Netzwerken liegt, wurde ebenfalls eine digitale Form der Datenerhebung über einen Online-Fragebogen gewählt.* Diese Erhebungsmethode ermöglichte außerdem die zeit- und kostengünstige Ansprache einer breiten Zielgruppe. Der Online-Fragebogen wurde von jedem Teilnehmenden einmalig beantwortet. Durch diesen festen Untersuchungszeitpunkt stellt die Studie eine Querschnittsanalyse dar.

3.2 Stichprobe

Die Befragung sollte sich ursprünglich an alle Personen, unabhängig von ihrem Nutzungsverhalten in sozialen Netzwerken, richten. Bei einer ausgeglichenen Teilnehmerzahl hätte dadurch die Möglichkeit bestanden, die Werte der regelmäßigen Nutzer und Nutzerinnen mit denen der Teilnehmenden, die keine sozialen Netzwerke nutzen, zu vergleichen. Aufgrund des beschränkten Umfangs der Forschungsarbeit wurde der Fokus jedoch nur auf die tatsächlichen Nutzer und Nutzerinnen von sozialen Netzwerken gelegt. Die Zielgruppe der Datenerhebung waren somit Personen, die regelmäßig soziale Netzwerke nutzen. Als zusätzliches Charakteristikum wurde für die Stichprobe eine Altersspanne von 18 bis 67 Jahren festgelegt. Obwohl laut der Studie der ARD/ZDF-Forschungskommission (2019) davon ausgegangen werden kann, dass auch Jugendliche unter 18 Jahren regelmäßig soziale Netzwerke nutzen, begann die Altersspanne erst bei 18 Jahren, da das Selbstwertgefühl erst im Erwachsenenalter relativ stabil ist und als trait angesehen werden kann (Petersen et al., 2006, S. 40). Da in der Befragung auch die berufliche Nutzung von sozialen Netzwerken abgefragt wurde, wurde das aktuelle gesetzliche Renteneintrittsalter von 67 Jahren als Ende der möglichen Altersspanne festgesetzt. Es wurden sowohl Frauen als auch Männer, unabhängig von ihrem derzeitigen Beruf, befragt. Alle Teilnehmenden wurden mit Hilfe des Online-Fragebogens erreicht. Vor Beginn der Datenerhebung wurde die Stichprobengröße mit Hilfe der Teststärkenanalyse berechnet. Hierfür wurde eine mittlere Effektstärke von 0.3 zugrunde gelegt. Der Alpha-Fehler wurde standardmäßig mit dem Signifikanzniveau von 0.05 festgelegt. Die Power betrug somit 0.95 und lag damit über dem empfohlenen Mindestwert von 0.8. Die Poweranalyse ergab eine Stichprobengröße von mindestens 115 Personen. Um eine Normalverteilung der Daten zu erreichen, ist eine höhere Teilnehmeranzahl als die berechnete jedoch sinnvoll. Die Teststärkenanalyse ist im Anhang A der Arbeit angefügt.

3.3 Erhebungsinstrumente

Das Kapitel Erhebungsinstrumente gliedert sich anhand der verwendeten Messinstrumente in die Erhebung des Nutzungsverhaltens in sozialen Medien sowie die Rosenberg Self-Esteem Skala und den Oxford Questionnaire of Happiness. In einem letzten Unterpunkt werden die Gütekriterien der verwendeten Messinstrumente thematisiert.

3.3.1 Nutzungsverhalten Social Media

Die UV wurde mit Hilfe von sechs Indikatoren operationalisiert. Zunächst wurden die Art und die Häufigkeit der genutzten Netzwerke abgefragt. Hierfür wurden die laut StatCounter (2019), ARD/ZDF-Forschungskommission (2019) und BVDW (2018) neun meistgenutzten sozialen Netzwerke Facebook, Google+, Xing, LinkedIn, Twitter,

YouTube, Instagram, Snapchat und Pinterest als Items verwendet. Dabei wurde eine Beschränkung auf Netzwerk- und Multimediaplattformen vorgenommen. Die Erhebung des BVDW (2018) stellte Google+ im Januar 2018 als eines der am häufigsten genutzten Netzwerke in Deutschland dar, daher wurde das soziale Netzwerk in die Erhebung miteinbezogen. Im Zuge weiterer Recherchearbeiten stellte sich heraus, dass Google+ für private Nutzer und Nutzerinnen am 02. April 2019 eingestellt wurde (Google, 2019). Die Nutzung ist zukünftig nur noch für Business-Kunden möglich (Google, 2019). Als Nachfolger der Plattform tritt Google Currents ein (Gau, 2019). Der Fokus des sozialen Netzwerks Google Currents liegt dabei auf der Unternehmensorganisation und -kommunikation (Gau, 2019), weshalb die Nutzung ebenfalls nur für Business-Kunden möglich ist. Der Ausschluss des sozialen Netzwerks Google+ aus der Untersuchung war nicht mehr möglich, da die

Datenerhebung bereits abgeschlossen war. Die Daten zu Google+ sind daher in der Erhebung weiterhin enthalten. Auf einer 5-stufigen Antwortskala gaben die Teilnehmenden an, ob sie das jeweilige Netzwerk 1 = mehrmals täglich, 2 = täglich, 3 = wöchentlich, 4 = selten oder 5 = nie nutzen. Als nächstes Item wurde die tägliche Nutzungsdauer erhoben. Die Teilnehmenden wurden aufgefordert, ihre tägliche Nutzungsdauer in Stunden in einem offenen Eingabefeld anzugeben. Bei diesem Item wurde gezielt nicht mit Zeitintervallen, sondern mit einem offenen Eingabefeld gearbeitet. Dadurch wurde einer Beeinflussung durch die Ankerheuristik entgegengewirkt und es wurde verhindert, dass unterschiedliche Nutzungsdauern nicht wertfrei dargestellt werden. Der Eingabebereich wurde jedoch auf Dezimalzahlen von 0 bis 12 eingeschränkt. Diese Einschränkung ermöglichte es Personen aus der Auswertung herauszunehmen, die soziale Netzwerke nicht täglich nutzen. Außerdem wurden dadurch unrealistische Angaben verhindert, da angenommen werden kann, dass bei einer gängigen Tagesgestaltung nicht mehr als 12 Stunden zur Nutzung sozialer Netzwerke zur Verfügung stehen. Ein weiteres Item zur Erhebung des Nutzungsverhaltens in sozialen Netzwerken stellte die Abfrage der Hauptbeweggründe für die Nutzung der zuvor genannten Netzwerke dar. Hierfür wurden die laut GlobalWebIndex (2018) acht häufigsten Nutzungsgründe – wie beispielsweise, um von den Aktivitäten von Freunden zu erfahren oder um die freie Zeit zu füllen - zur Mehrfachauswahl genannt. Als nächstes Item wurde über eine Dropdown-Auswahl erhoben, ob die Befragten soziale Netzwerke 1 = nur privat, 2 = nur beruflich oder 3 = sowohl privat als auch beruflich nutzen. Im Zuge des Nutzungsverhaltens sozialer Netzwerke als UV wurde ebenfalls die Variable FOMO erhoben. Hierzu wurde die deutsche Fassung der Fear of Missing Out Scale (Przybylski et al., 2013) verwendet. Die Skala umfasst 10 Items, wovon keines negativ gepolt ist. Die Items lauten beispielsweise "Ich fürchte, dass meine Freunde lohnendere Erlebnisse haben als ich" oder „Es ärgert mich, wenn ich eine Möglichkeit verpasse, mich mit meinen Freunden zu treffen" (Bosau & Ludwig, 2017). Die Beantwortung erfolgte auf einer 5-stufigen Likert Skala von 1 = trifft gar nicht zu bis 5 = trifft voll und ganz zu. Das in dieser Erhebung errechnete Cronbachs Alpha für die FOMO Skala (α = .80) lässt auf eine gute interne Konsistenz der Skala schließen. Als letztes Item wurde die Abhängigkeit von sozialen Netzwerken erhoben. Die Grundlage hierfür war die deutsche Kurzversion der Smartphone-Sucht-Skala (d-KV-SSS) nach Montag (2018, S. 45f.). Die Skala umfasst 10 Items und dient dazu eine mögliche Tendenz zur Smartphone-Sucht herauszufinden, wobei explizit darauf hingewiesen wird, dass dadurch keine anerkannte Diagnose gestellt werden kann (Montag, 2018, S. 45). Da das Nutzungsverhalten in sozialen Netzwerken betrachtet wurde, wurden die Items der d-KV-SSS entsprechend umformuliert, so-dass sie passend waren, um die Abhängigkeit von sozialen Netzwerken zu erheben. Das Item „Ich verpasse es, geplante Aufgaben aufgrund meiner Smartphone-Nutzung zu erledigen" wurde beispielsweise umformuliert in „Ich verpasse es, geplante Aufgaben aufgrund der Nutzung von sozialen Netzwerken zu erledigen". Weitere Beispielitems waren „Für mich wäre es nicht auszuhalten, keine sozialen Netzwerke zu nutzen" und „Ich nutze soziale Netzwerke länger als beabsichtigt". Die Items wurden auf einer 6-stufigen Likert Skala von 1 = ich stimme überhaupt nicht zu bis 6 = ich stimme stark zu beantwortet (Montag, 2018, S. 46). Die Skala weist mit α = .86 eine gute interne Konsistenz auf (Montag, 2018, S. 46). Dies konnte in der Erhebung ebenfalls bestätigt werden (α = .87).

3.3.2 Rosenberg Self-Esteem Scale

Zur Operationalisierung der beiden AVs wurden standardisierte Fragebögen verwendet. Das Selbstwertgefühl wurde mittels der deutschen Fassung der Self-Esteem Scale (SES) von Morris Rosenberg (1965) operationalisiert, da sich diese zur Messung des Selbstwertgefühls bei Jugendlichen und Erwachsenen in den letzten Jahren etabliert hat (Ferring & Filipp, 1996). Die Skala umfasst 10 Items und wird in einer 4-stufigen Likert Skala von 0 = trifft gar nicht zu bis 3 = trifft völlig zu erfasst (Fragebogen zum Selbstwertgefühl, n.d.). Beispielitems sind „Ich besitze eine Reihe guter Eigenschaften" und „Ich fürchte, es gibt nicht viel, worauf ich stolz sein kann", wobei das zweite Item eines der fünf negativ gepolten Items ist (Ferring & Filipp, 1996). Für die SES errechnete sich in dieser Studie eine sehr gute interne Konsistenz (α = .90).

3.3.3 Oxford Questionnaire of Happiness

Das Glücksempfinden wurde mit Hilfe der deutschsprachigen Version des Oxford Questionnaire of Happiness (OHQ) von Peter Hills und Michael Argyle operationalisiert. Der OHQ ist eine kompakte, einfach anzuwendende Skala und eignet sich zur Messung der Variable Glück insbesondere aufgrund der starken, positiven Zusammenhänge mit einer Reihe von Persönlichkeitsmerkmalen wie beispielsweise Extraversion, Lebenszufriedenheit und Selbstwertgefühl, die bekanntermaßen mit dem Wohlbefinden in Verbindung stehen (Hills & Argyle, 2002). *Der Fragebogen umfasst 29 Items, die von den Teilnehmenden auf einer 6-stufigen Likert Skala von 1 = stimmt absolut nicht bis 6 = stimmt absolut beantwortet werden. Die Skala beinhaltet ebenfalls 12 negativ gepolte Items wie beispielsweise „Ich sehe keinen bestimmten Sinn und Zweck in meinem Leben". Weitere Beispielitems sind „Mich interessieren andere Menschen" oder „Ich lache viel" (Opprecht, n.d.). Cronbachs-Alpha liegt für diese Skala bei α = .91 (Hills & Argyle, 2002).* In dieser Erhebung errechnete sich für Cronbachs Alpha ein vergleichbarer Wert (α = .92). Diese Werte lassen auf eine sehr gute interne Konsistenz der Skala schließen.

3.3.4 Soziodemografische Merkmale

Abschließend wurden zur Erhebung der soziodemografischen Merkmale die Items Alter und Geschlecht gewählt. Die Teilnehmenden wurden aufgefordert ihr Alter in Jahren per Dropdown-Auswahl anzugeben. Dabei war der Auswahlbereich auf 18-67 Jahre beschränkt. Das Geschlecht wurde ebenfalls mit Hilfe einer Dropdown-Auswahl abgefragt, wobei zwischen den Antwortoptionen weiblich und männlich gewählt werden konnte.

3.3.5 Gütekriterien

Um die Darstellung der Erhebungsinstrumente zu komplettieren, werden zuletzt die Gütekriterien beurteilt. Die Konstruktvalidität der SES wurde laut Ferring und Filipp (1996) geprüft, indem Korrelationen zwischen dem Selbstwertgefühl und einer optimistischen Erwartungshaltung sowie zwischen der Selbstwirksamkeit und dem Selbstwertgefühl berechnet wurden (für beide gilt $r > .60$). Die Validität des Konstruktes konnte dadurch bestätigt werden (Ferring & Filipp, 1996). Die Konstruktvalidität des OHQ wurde mittels Korrelationen der Items des Oxford Happiness Inventory getestet und konnte so bestätigt werden (Hills & Argyle, 2002). Zur Konstruktvalidität der Skalen FOMO und d-KV-SSS liegen keine Belege vor. Die Objektivität der Messinstrumente wird anhand der Durchführungs-, Auswertungs- und Interpretationsobjektivität betrachtet. Die Durchführungsobjektivität wird durch standardisierte Instruktionen im Online-Fragebogen gegeben. Bei den verwendeten Skalen FOMO, d-KV-SSS, SES und OHQ handelt es sich um standardisierte Testverfahren mit eindeutig feststehenden Auswertungsvorschriften. Hierdurch wird die Auswertungsobjektivität gewährleistet. Für die Interpretation werden die vorhandenen Werte aus Vergleichsstichproben zu den einzelnen Skalen herangezogen, um die korrekte Einordnung und Interpretation der Messwerte sicherzustellen. Zur Reliabilitätseinschätzung wurde das Maß der internen Konsistenz verwendet. Die errechneten Werte für Cronbachs Alpha liegen alle für alle verwendeten Skalen über .80 (siehe Tabelle 11) und lassen somit auf eine gute interne Konsistenz schließen.

3.4 Datenerhebung

Zur Erstellung des Fragebogens wurde das Onlinebefragungsportal Sosci Survey verwendet. Der finale Fragebogen begann mit einem kurzen Einleitungstext und gliederte sich anschließend in vier Teile. Zu Beginn wurden die Teilnehmenden über das Thema „Nutzung sozialer Medien" und die voraussichtliche Bearbeitungszeit informiert. Es erfolgte außerdem ein Hinweis auf die Anonymität und die vertrauliche Behandlung der erhobenen Daten. Um sozial erwünschtes Antwortverhalten zu reduzieren, wurden die Teilnehmenden gebeten, die Fragen spontan und zügig zu beantworten, da es auf das individuelle erste Empfinden ankommt und es keine richtigen und falschen Antworten gibt. Im ersten Teil des Fragebogens wurden die Fragen zur Erhebung der AV Selbstwertgefühl gestellt. Anschließend folgte die Erhebung des Konstruktes Glück. Im dritten Teil des Fragebogens wurden vier Fragen zur Erhebung der UV Nutzungsverhalten Social Media gestellt. In diesem Teil des Fragebogens wurden zusätzlich Items verwendet, um die Abhängigkeit von sozialen Netzwerken und FOMO zu messen. Zuletzt wurden Fragen zu den soziodemografischen Merkmalen Alter und Geschlecht gestellt. Auf der letzten Seite des Fragebogens wurden die Teilnehmenden über den erfolgreichen Abschluss des Fragebogens und die Speicherung der Daten informiert. Des Weiteren wurde an dieser Stelle die Möglichkeit eingeräumt, sich per E-Mail mit der Autorin in Verbindung zu setzen, falls Interesse an den Ergebnissen der Untersuchung besteht. Nach Fertigstellung des Fragebogens wurde zunächst ein Pretest durchgeführt, um sowohl die technische Funktionsweise als auch die inhaltliche Plausibilität des Fragebogens zu überprüfen. Mehrere Personen testeten den Fragebogen unabhängig voneinander und gaben entsprechende Rückmeldung an die Erstellerin. Es wurden einige formale Änderungen vorgenommen, bevor der Fragebogen letztendlich veröffentlicht wurde. Für die Datenerhebung wurde ein Zeitraum von fünf Wochen festgelegt. Die Teilnahme war vom 13.09.2019 bis 19.10.2019 über den Link https://www.soscisurvey.de/BachelorthesisStangl/ möglich. Zur Distribution des Fragebogens wurden zahlreiche Kanäle genutzt. Zunächst erfolgte die Verbreitung über die direkte Ansprache von Freunden, Bekannten und Arbeitskollegen – persönlich, per E-Mail oder per WhatsApp. Im Anschluss wurde der Fragebogen, passend zum Thema der Erhebung, über das private Profil der Autorin in sozialen Netzwerken wie Facebook, Instagram und Xing geteilt. Abschließend wurde ebenfalls die Möglichkeit genutzt, den Fragebogen in thematisch passenden Gruppen bei Xing und Facebook zu verbreiten. Der Online-Fragebogen wurde über 700-mal angeklickt, wobei hier auch versehentliche doppelte Klicks eingeschlossen sind.

Insgesamt gab es 296 Teilnehmende inklusive abgebrochener Durchläufe. Die Quote der abgeschlossenen Fragebögen befand sich mit 85,81 % auf einem guten Niveau.

3.5 Datenaufbereitung und Datenauswertung

Nach Abschluss der Datenerhebung erfolgte der Export der Daten aus Sosci Survey. Hierbei wurden bereits alle unvollständigen Datensätze entfernt. Die Datenaufbereitung wurde in Microsoft Excel vorgenommen. Zunächst wurde die Variable Alter korrigiert. Das Alter wurde in der Variablenübersicht bei 18 Jahren mit dem Variablenwert 3 und bei 67 Jahren mit dem Variablenwert 52 ausgegeben. In einer neuen Spalte Alter_korr wurde der Variablenwert mit einer Summenformel jeweils um 15 ergänzt, sodass das tatsächliche Alter ausgegeben wird. Zur vereinfachten Darstellung der Variable Alter wurde die Spalte Altersgruppe ergänzt. Hierzu wurden fünf Altersgruppen gebildet. Die Altersgruppen definieren sich wie folgt: 1 = 18-27 Jahre, 2 = 28-37 Jahre, 3 = 38-47 Jahre, 4 = 48-57 Jahre, 5 = 58-67 Jahre. Außerdem erfolgte eine Korrektur der Variablenwerte der SES. In der Variablenübersicht (siehe Anhang C) wurden die Variablenwerte folgendermaßen angegeben: trifft gar nicht zu = 1, trifft eher nicht zu = 2, trifft größtenteils zu = 3, trifft völlig zu = 4. In der ursprünglichen SES sind die Variablenwerte jedoch um einen Wert geringer, das heißt trifft gar nicht zu = 0, trifft eher nicht zu = 1, trifft größtenteils zu = 2 und trifft völlig zu = 3. Zur Auswertung ist die Summenbildung der Itemwerte erforderlich. Da diese durch die abweichenden Variablenwerte verfälscht wäre, wurden die Itemwerte durch eine entsprechende Formel um -1 korrigiert. Das gleiche gilt für die negativ gepolten Items der SES. Die korrigierten Items wurden durch entsprechende Spaltennamen SW01_01korr – SW01_10korr gekennzeichnet. Anschließend wurden zusammengehörige Items farbig markiert, um die weitere Aufbereitung zu vereinfachen. Der Wert für Selbstwertgefühl wurde für jeden Befragten durch Addition der Items SW01_01korr – SW01_10korr ermittelt. Der Ergebniswert wurde in der neuen Spalte Selbstwertgefühl erfasst. Zur Berechnung des Wertes für Glücksempfinden wurde für jeden Teilnehmenden der Mittelwert aus den 29 Items GE01_01 – GE01_29 gebildet. In der neuen Spalte Glücksempfinden wurde der Ergebniswert erfasst. Die Ermittlung des Wertes für FOMO erfolgte ebenfalls durch Mittelwertbildung der 10 Items SM05_01 – SM05_10. Der berechnete Wert wurde in der neuen Spalte FOMO aufgeführt. Um die Abhängigkeit von sozialen Netzwerken zu ermitteln, wurden die Items SM06_01 – SM06_10 für jeden Teilnehmenden addiert. Der Ergebniswert wurde in der neuen Spalte Abhängigkeit erfasst. Zum Abschluss wurden einige Spaltenbeschriftungen vereinfacht. Die Items SM01_01 – SM01_09 stellten die abgefragten Netzwerke dar. Die Spaltenbeschriftungen wurden daher in die Namen der jeweiligen sozialen Netzwerke umbenannt. Außerdem wurden die Spalte SM04 in Nutzungsart und die Spalte SM02_01 in tägliche Nutzungsdauer umbenannt. Das Dokument wurde als Kopie in Form einer csv-Datei gespeichert und zur Datenauswertung in die Statistiksoftware R importiert. In R wurden schließlich die Wertelabels einiger Variablen umkodiert.

Zu Beginn der deskriptivstatistischen Auswertung wurden alle relevanten Variablen mit Hilfe des Shapiro-Wilk-Tests auf Normalverteilung überprüft. Hierbei nimmt die H_0 an, dass die betreffende Variable normalverteilt ist, wobei ein Signifikanzniveau von $p < .05$ zugrunde gelegt wird. Im Anschluss wurde der Stichprobenumfang berechnet und die Geschlechtsverteilung in der Stichprobe ausgezählt. Die Altersverteilung wurde zunächst durch Ausgabe der Lagemaße und die Erstellung eines Histogramms verdeutlicht. Es wurden außerdem die Teilnehmerzahlen in den gebildeten Altersgruppen ausgezählt und in einem Säulendiagramm grafisch dargestellt. Die Variablen Selbstwertgefühl, Glücksempfinden, tägliche Nutzungsdauer, FOMO und Abhängigkeit wurden beschrieben indem für jede Variable die Lagemaße ausgegeben wurden. Außerdem wurde für jede Variable ein Boxplot erstellt, um einen grafischen Überblick über die Verteilung der Variable zu erhalten und Ausreißer zu identifizieren. Die identifizierten Ausreißer aller Variablen wurden in Excel gesondert betrachtet und auf Plausibilität überprüft. Daraufhin wurde ein Fall aus dem Datensatz entfernt, da die Erstellerin annimmt, dass es sich nicht um einen wahrheitsgemäß beantworteten Fragebogen handelte. Bei dem betroffenen Fall wurde eine überdurchschnittliche Nutzungsdauer von 10 Stunden täglich angegeben, wobei für jedes der neun abgefragten sozialen Netzwerke angegeben wurde, dass es nie genutzt wird. Für die weiteren Skalen wurden entweder nur Extremwerte oder Mittelwerte angegeben. Außerdem hebt sich der Datensatz durch eine Bearbeitungszeit von nur 77 Sekunden für den gesamten Fragebogen ab. Die sehr kurze Bearbeitungszeit lässt ebenfalls den Rückschluss zu, dass der Fragebogen nicht wahrheitsgemäß beantwortet wurde. Bei der Art der genutzten Netzwerke wurden zunächst für jedes einzelne Netzwerk die Häufigkeiten der Antworten ausgezählt, um einen Überblick darüber zu erhalten, welche sozialen Netzwerke in der Stichprobe am häufigsten genutzt werden. Im Zuge dessen wurden die Daten zur Nutzung von Google+ gesondert betrachtet. Neben beruflichen Nutzenden gaben auch einige private Nutzer und Nutzerinnen an, dass sie das soziale

Netzwerk Google+ mehrmals täglich, täglich oder wöchentlich nutzen. Diese Angaben scheinen nicht plausibel im Zusammenhang mit der Nutzungsbeschränkung der Plattform auf Business-Kunden. Die betroffenen Datensätze wurden in Excel gesondert betrachtet. Da es keine weiteren Unstimmigkeiten in den betroffenen Datensätzen gab, wurde weiterhin angenommen, dass es sich um tatsächliche Teilnehmende handelt und die Datensätze wurden nicht entfernt. Im Anschluss wurden die prozentualen Nutzungshäufigkeiten für jedes Netzwerk nach Altersgruppen gegliedert berechnet, um zu sehen, welche sozialen Netzwerke in welcher Altersgruppe am häufigsten verwendet werden. Zur grafischen Verdeutlichung wurde für jedes der Netzwerke ein nach Altersgruppen gruppiertes Säulendiagramm erstellt. Für die Variable tägliche Nutzungsdauer wurden zusätzlich die Mittelwerte der verschiedenen Altersgruppen berechnet. Hierzu wurde ebenfalls ein Säulendiagramm verwendet. Außerdem wurden die Mittelwerte der täglichen Nutzungsdauer für die drei verschiedenen Nutzungsarten berechnet. Bei den Gründen für die Nutzung von sozialen Netzwerken wurde ausgezählt wie häufig jeder Grund genannt wurde, um zu erkennen, welche die häufigsten Nutzungsgründe in der Stichprobe sind. Die Mittelwerte der Variablen FOMO und Abhängigkeit wurden jeweils zusätzlich in Bezug auf die Altersgruppen berechnet, wobei die Verdeutlichung jeweils durch ein Säulendiagramm erfolgte. Abschließend wurde Cronbachs Alpha für alle verwendeten Skalen berechnet.

In der inferenzstatistischen Auswertung wurden die in Kapitel 2.5 beschriebenen Hypothesen getestet. Um die H_1 zu testen, wurde die Korrelation zwischen der Variable tägliche Nutzungsdauer und der Variable Glücksempfinden mittels der Spearman Rangkorrelation berechnet. Um das errechnete Spearmans rho auf Signifikanz zu testen, wurde in der gesamten Auswertung das Signifikanzniveau $p < .05$ zugrunde gelegt. Die H_2 wurde getestet, indem eine Rangkorrelation nach Spearman zwischen der Variable tägliche Nutzungsdauer und der Variable Selbstwertgefühl berechnet wird. Bei der Testung der H_3 wurde erneut eine Korrelation nach Spearman zwischen der Variable FOMO und der Variable Selbstwertgefühl gerechnet. Abschließend wurde auch die H_4 mittels der Spearman Rangkorrelation getestet. Hier wurde die Korrelation zwischen der Variable Abhängigkeit und der Variable Glücksempfinden berechnet. Um die Zusammenhänge einordnen zu können, wurde die folgende Abstufung der Effekte zugrunde gelegt. Für $r = .10$ liegt ein schwacher Effekt vor, während $r = .30$ beziehungsweise $r = .50$ einem mittleren beziehungsweise einem starken Effekt entspricht (Universität Zürich, 2018). Sobald mindestens eine mittlere, signifikante Korrelation von $r = .40$ errechnet wird,

Tabelle 2 Absolute Anzahl der Teilnehmenden nach Altersgruppe und Geschlecht

Altersgruppe (Jahre)	Geschlecht		
	Frauen	Männer	Gesamt
18-27	106	27	133
28-37	62	23	85
38-47	7	9	16
48-57	8	8	16
58-67	1	2	3

Anmerkungen. N = 253. Anzahl der weiblichen Teilnehmenden n = 184. Anzahl der männlichen Teilnehmenden n = 69.

Nach Betrachtung der Alters- und Geschlechtsverteilung werden, die in Tabelle 3 zusammengefassten Lagemaße, für alle numerischen Variablen berechnet.

Tabelle 3 Lagemaße der numerischen Variablen

Variable	Min	Mdn	Max	M	SD
Alter	18.00	27.00	67.00	29.70	9.18
Selbstwertgefühla	5.00	23.00	30.00	22.25	5.36
Glücksempfindenb	1.86	4.59	5.86	4.48	0.67
tägliche Nutzungsdauerc	0.20	2.00	8.00	2.24	1.51
FOMOd	1.00	2.50	4.50	2.53	0.69
Abhängigkeite	10.00	20.00	52.00	21.38	9.14

Anmerkungen. N = 253.
[a] bis 16 Punkte: niedriges Selbstwertgefühl, 17-25 Punkte: durchschnittliches Selbstwertgefühl, ab 26 Punkte: hohes Selbstwertgefühl. [b] 1-2 Punkte: überhaupt nicht glücklich. 2-3 Punkte: etwas unglücklich. 3-4 Punkte: durchschnittlich. 4-5 Punkte: ziemlich glücklich. 5-6 Punkte: sehr glücklich. 6 Punkte: zu glücklich. [c] Angabe in Stunden pro Tag. [d] Maximaler Wert: 5. [e] Maximaler Wert: 60.

Die Lagemaße werden für jede der Variablen zusätzlich als Boxplot dargestellt, um die Identifikation der Ausreißer zu ermöglichen. Die Boxplots sind im Anhang D der Arbeit angefügt. Für jede der fünf Variablen gibt es Ausreißer. Diese Datensätze werden gesondert in Excel überprüft, wodurch ein Fall für die weitere Auswertung aus dem Datensatz ausgeschlossen wird, da die Autorin diesen aufgrund der unplausiblen Angaben zur täglichen Nutzungsdauer und zur Art der genutzten Netzwerke nicht für einen richtigen Teilnehmenden hält.

4.1.2 Selbstwertgefühl

Die AV Selbstwertgefühl weist aufgrund der geringen Abweichung zwischen Median und Mittelwert nur wenige Ausreißer mit geringer Gewichtung auf. Die errechneten Werte für das Selbstwertgefühl liegen zwischen 5 und 30 Punkten, wobei das durchschnittliche Selbstwertgefühl in der Stichprobe bei 22.25 Punkten (*SD* = 5.36) liegt.

4.1.3 Glück

Für die AV Glücksempfinden fallen die vorhandenen Ausreißer ebenfalls kaum ins Gewicht, da Median und Mittelwert nur minimal voneinander abweichen. Für das Glücksempfinden errechneten sich Werte zwischen 1.86 und 5.86 Punkten. Im Durchschnitt weist die Stichprobe ein Glücksempfinden von 4.48 Punkten (*SD* = 0.67) auf.

Art der genutzten Netzwerke

Bei der Beschreibung der Stichprobe hinsichtlich der Art der genutzten Netzwerke wird deutlich, dass 53,75 % der Befragten Instagram mehrmals täglich nutzen. Aus Tabelle 4 geht außerdem hervor, dass auch Facebook und YouTube mit 25,30 % und 15,81 % mehrmals täglicher Nutzung von den Teilnehmenden häufig verwendet werden. Ein Großteil der Personen (79,05 %) gab an, dass sie das soziale Netzwerk Twitter nie nutzen. Auch die Netzwerke LinkedIn, Google+, Snapchat und Xing werden von über 60 % der Beteiligten nie genutzt. An dieser Stelle ist außerdem anzuführen, dass trotz der Nutzungsbeschränkungen von Google+ auf berufliche Nutzer und Nutzerinnen jeweils über 7 % der Befragten angeben, die Plattform mehrmals täglich, täglich oder wöchentlich zu nutzen.

Tabelle 4 Nutzungshäufigkeiten der sozialen Netzwerke

Netzwerke	Nutzungshäufigkeit				
	mehrmals täglich	täglich	wöchentlich	selten	nie
Facebook	25.30	22.92	7.91	18.58	25.30
Google+	7.91	8.70	7.51	7.11	68.77
Xing	2.77	5.14	11.86	19.76	60.47
LinkedIn	1.98	4.74	8.30	13.04	71.94
Twitter	9.88	2.77	0.79	7.51	79.05
YouTube	15.81	18.18	26.48	35.18	4.35
Instagram	53.75	13.04	3.56	4.74	24.90

Netzwerke	Nutzungshäufigkeit				
	mehrmals täglich	täglich	wöchentlich	selten	nie
Snapchat	9.09	7.11	8.70	10.28	64.82
Pinterest	1.98	5.53	16.21	28.85	47.43

Anmerkungen. N = 253. Die Nutzungshäufigkeit ist in Prozent angegeben. Aufgrund von Rundungsdifferenzen ergibt die Summe der Zeilen nicht immer genau 100 %.

Um die Nutzungshäufigkeiten besser einordnen zu können, werden diese ebenfalls nach Altersgruppen differenziert betrachtet. Hierzu erfolgt eine Aufteilung der sozialen Netzwerke in Netzwerkplattformen (siehe Tabelle 5) und Multimediaplattformen (siehe Tabelle 6). Aus Tabelle 5 geht hervor, dass Facebook am häufigsten von den Altersgruppen 18-27 und 28-37 Jahre genutzt wird. In der Altersgruppe von 58-67 Jahren geben alle Teilnehmenden an, dass sie Facebook nie nutzen. Für Google+ ist ein entgegengesetzter Trend erkennbar. Das soziale Netzwerk wird überwiegend von den Altersgruppen 48-57 und 58-67 Jahren mehrmals täglich oder täglich genutzt. Bei Betrachtung des Netzwerks Xing wird deutlich, dass dieses am häufigsten von der Altersgruppe 28-37 Jahre genutzt wird. In allen Altersgruppen, mit Ausnahme der 58-67-Jährigen wird Xing eher wöchentlich oder selten genutzt. Alle 58-67-Jährigen geben an, Xing nie zu nutzen. Das soziale Netzwerk LinkedIn wird überwiegend von den Teilnehmenden der Altersgruppen 28-37 und 38-47 Jahre mehrmals täglich oder täglich genutzt. Analog zu Xing wird dieses Netzwerk von der Altersgruppe 58-67 Jahre ebenfalls nie genutzt. Die letzte Netzwerkplattform Twitter hat die meisten Nutzer und Nutzerinnen in der Altersgruppe 28-37 Jahre und wird ebenfalls von 100 % der 58-67-Jährigen nie genutzt.

Tabelle 5 Nutzungshäufigkeiten der Netzwerkplattformen nach Altersgruppen

Nutzungshäufigkeit	Altersgruppe (Jahre)				
	18-27	28-37	38-47	48-57	58-67
	Facebook				
mehrmals täglich	24.81	34.12	0.00	12.50	0.00
täglich	21.05	30.59	18.75	6.25	0.00
wöchentlich	9.02	7.06	6.25	6.25	0.00
selten	25.56	8.24	25.00	12.50	0.00
nie	19.55	20.00	50.00	62.50	100.00

Nutzungshäufigkeit	Altersgruppe (Jahre)				
	18-27	28-37	38-47	48-57	58-67
Google+					
mehrmals täglich	6.77	8.24	12.50	6.25	33.33
täglich	6.02	9.41	0.00	31.25	33.33
wöchentlich	7.52	4.71	12.50	18.75	0.00
selten	6.77	8.24	12.50	0.00	0.00
nie	72.93	69.41	62.50	43.75	33.33
Xing					
mehrmals täglich	0.75	7.06	0.00	0.00	0.00
täglich	3.76	5.88	6.25	12.50	0.00
wöchentlich	10.53	14.12	18.75	6.25	0.00
selten	14.29	25.88	37.50	18.75	0.00
nie	70.68	47.06	37.50	62.50	100.00
LinkedIn					
mehrmals täglich	0.75	4.71	0.00	0.00	0.00
täglich	3.76	4.71	12.50	6.25	0.00
wöchentlich	6.77	11.76	6.25	6.25	0.00
selten	12.78	10.59	25.00	18.75	0.00
nie	75.94	68.24	56.25	68.75	100.00
Twitter					
mehrmals täglich	9.02	15.29	0.00	0.00	0.00
täglich	3.01	2.35	0.00	6.25	0.00
wöchentlich	1.50	0.00	0.00	0.00	0.00
selten	6.02	7.06	18.75	12.50	0.00
nie	80.45	75.29	81.25	81.25	100.00

Anmerkungen. N = 253. Die Nutzungshäufigkeit ist in Prozent angegeben. Aufgrund von Rundungsdifferenzen ergibt die Summe der Spalten nicht immer genau 100 %.

Tabelle 6 Nutzungshäufigkeiten der Multimediaplattformen nach Altersgruppen

Nutzungshäufigkeit	Altersgruppe (Jahre)				
	18-27	28-37	38-47	48-57	58-67
YouTube					
mehrmals täglich	17.29	16.47	6.25	12.50	0.00
täglich	21.05	15.29	25.00	6.25	0.00
wöchentlich	29.32	25.88	12.50	18.75	33.33
selten	30.83	35.29	50.00	62.50	0.00
nie	1.50	7.06	6.25	0.00	66.67
Instagram					
mehrmals täglich	71.43	45.88	6.25	6.25	0.00
täglich	12.78	16.47	12.50	0.00	0.00
wöchentlich	3.01	3.53	0.00	12.50	0.00
selten	3.01	4.71	18.75	6.25	0.00
nie	9.77	29.41	62.50	75.00	100.00
Snapchat					
mehrmals täglich	16.54	1.18	0.00	0.00	0.00
täglich	12.78	1.18	0.00	0.00	0.00
wöchentlich	15.04	2.35	0.00	0.00	0.00
selten	11.28	8.24	6.25	18.75	0.00
nie	44.36	87.06	93.75	81.25	100.00
Pinterest					
mehrmals täglich	3.01	0.00	6.25	0.00	0.00
täglich	5.26	5.88	6.25	6.25	0.00
wöchentlich	20.30	14.12	0.00	12.50	0.00
selten	27.82	34.12	18.75	18.75	33.33
nie	43.61	45.88	68.75	62.50	66.67

Anmerkungen. N = 253. Die Nutzungshäufigkeit ist in Prozent angegeben. Aufgrund von Rundungsdifferenzen ergibt die Summe der Spalten nicht immer genau 100 %.

Bei Betrachtung der Multimediaplattformen zeigt Tabelle 6, dass YouTube überwiegend in den Altersgruppen 18-27 und 28-37 Jahre mehrmals täglich oder täglich genutzt wird. Insgesamt wird YouTube über alle Altersgruppen hinweg eher wöchentlich oder selten genutzt. Für Instagram liegt der Schwerpunkt der Nutzer und Nutzerinnen ebenfalls sehr eindeutig bei den 18-37-Jährigen. Die Teilnehmenden der Altersgruppe 58-67 Jahre geben an, Instagram nie zu nutzen. Die

Multimediaplattform Snapchat wird überwiegend von den 18-27-Jährigen genutzt. Für alle weiteren Altersgruppen geben über 80 % der Teilnehmenden an, dass sie Snapchat nie nutzen, wobei in der Altersgruppe 57-68 Jahre 100 % der Teilnehmenden Snapchat nie nutzen. Für Pinterest ist die prozentuale Nutzung mehrmals täglich und täglich in der Altersgruppe 38-47 Jahre am höchsten. Außerdem ist festzuhalten, dass Pinterest über alle Altersgruppen hinweg eher wöchentlich oder selten genutzt wird.

4.1.4 Nutzungsart

In Bezug auf die Nutzungsart besteht die Gesamtstichprobe zu einem großen Teil aus nur privaten Nutzern und Nutzerinnen (n = 173). Der zweitgrößte Teil sind Personen, die soziale Netzwerke sowohl privat als auch beruflich nutzen (n = 72). Lediglich 8 der 253 Befragten sind ausschließlich berufliche Nutzer und Nutzerinnen.

4.1.5 Tägliche Nutzungsdauer

Aus den in Tabelle 3 aufgeführten Daten ergibt sich für die Nutzungsdauer ein Mittelwert von 2.24 Stunden täglicher Nutzung (SD = 1.51). Die höchste Nutzungsdauer liegt in der Gesamtstichprobe bei 8 Stunden täglich. Zur genaueren Betrachtung der Variable tägliche Nutzungsdauer erfolgte eine zusätzliche Auswertung anhand der soziodemografischen Merkmale. Die tägliche Nutzungsdauer ist bei Frauen höher (M = 2.43, SD = 1.54) als bei Männern (M = 1.73, SD = 1.33). Der Unterschied entspricht 42 Minuten pro Tag. Die Mittelwerte der täglichen Nutzungsdauer für die fünf Altersgruppen sind in Tabelle 7 dargestellt. Die Teilnehmenden der Altersgruppe 18-27 Jahre verbringen pro Tag die meiste Zeit mit der Nutzung sozialer Netzwerke (M = 2.48, SD = 1.38). Die tägliche Nutzungsdauer nimmt über die weiteren Altersgruppen hinweg stetig ab, wobei die Altersgruppe von 58-67 Jahren soziale Netzwerke weniger als eine Stunde am Tag nutzt (M = 0.83, SD = 0.29).

Tabelle 7 Tägliche Nutzungsdauer nach Altersgruppen

Altersgruppe (Jahre)	Nutzungsdauer	
	M	SD
18-27	2.48	1.38
28-37	2.27	1.56
38-47	1.36	1.87

Altersgruppe (Jahre)	Nutzungsdauer	
	M	**SD**
48-57	1.20	1.26
58-67	0.83	0.29

Anmerkungen. N = 253. Die tägliche Nutzungsdauer wurde in Stunden pro Tag gemessen.

4.1.6 Gründe für die Nutzung

Aus Tabelle 8 geht hervor, dass 78,26 % der Teilnehmenden soziale Netzwerke nutzen, um unterhaltsame Inhalte zu finden. Weitere Beweggründe für die Nutzung sind, um von den Aktivitäten der Freunde zu erfahren und um über aktuelle Nachrichten informiert zu werden für 73,91 % und 68,38 % der befragten Personen. Die wenigsten Personen (8,70 %) nutzen soziale Netzwerke, um ihre Meinung zu verbreiten.

Tabelle 8 Gegenüberstellung der Nutzungsgründe

Nutzungsgründe	Häufigkeit	
	Absolut	**Prozentual**
um von den Aktivitäten meiner Freunde zu erfahren	187	73.91
um über aktuelle Nachrichten informiert zu werden	173	68.38
um meine freie Zeit zu füllen	104	41.11
um unterhaltsame Inhalte zu finden	198	78.26
um mich mit anderen Leuten zu verbinden	113	44.66
um Fotos oder Videos mit anderen zu teilen	111	43.87
um meine Meinung zu verbreiten	22	8.70
um Produkte zu suchen, finden und zu kaufen	101	39.92

Anmerkungen. N = 253. Bei der Auswahl der Nutzungsgründe waren Mehrfachnennungen möglich.

4.1.7 FOMO

Für die Variable FOMO errechnete sich über die Gesamtstichprobe hinweg $M = 2.53$ mit $SD = 0.69$ (siehe Tabelle 3). Zur genaueren Beschreibung der Variable werden die soziodemografischen Variablen Geschlecht und Altersgruppen (siehe Tabelle 9) herangezogen. Die Angst, etwas zu verpassen ist bei Frauen höher ($M = 2.57$, $SD = 0.68$) als bei Männern ($M = 2.41$, $SD = 0.7$).

Über die Altersgruppen hinweg ist die Angst, etwas zu verpassen, unter den 18-27-Jährigen am höchsten (M = 2.74, SD = 0.66) und nimmt mit zunehmendem Alter stetig ab.

Tabelle 9 FOMO nach Altersgruppen

Altersgruppe (Jahre)	FOMO	
	M	SD
18-27	2.74	0.66
28-37	2.45	0.66
38-47	2.05	0.37
48-57	1.88	0.44
58-67	1.47	0.72

Anmerkungen. N = 253. Maximaler Wert: 5

4.1.8 Abhängigkeit von sozialen Netzwerken

Die Abhängigkeit von sozialen Netzwerken betrug für die Gesamtstichprobe im Mittel 21.38 mit SD = 9.14 (siehe Tabelle 3). Frauen sind stärker abhängig von sozialen Netzwerken (M = 22.15, SD = 8.95) als Männer (M = 19.32, SD = 9.38). Aus Tabelle 10 geht hervor, dass insbesondere junge Personen in der Altersspanne von 18-27 Jahren am stärksten von sozialen Netzwerken abhängig sind (M = 23.62, SD = 8.87). Die Abhängigkeit nimmt über die fünf Altersgruppen hinweg ab und reduziert sich für die 58-67-Jährigen (M = 11.00, SD = 1.73) um über 50 %.

Tabelle 10 Abhängigkeit von sozialen Netzwerken nach Altersgruppen

Altersgruppe (Jahre)	Abhängigkeit	
	M	SD
18-27	23.62	8.87
28-37	20.96	8.93
38-47	13.88	5.95
48-57	14.44	7.21
58-67	11.00	1.73

Anmerkungen. N = 253. Maximaler Wert: 60.

Zum Abschluss der deskriptivstatistischen Auswertung wurde Cronbachs Alpha für alle verwendeten Skalen berechnet. Für alle Skalen ist $\alpha \geq .80$ (siehe Tabelle 11), sodass eine angemessene interne Konsistenz gegeben ist. Für die Skalen SES und OHQ ist die interne Konsistenz sogar sehr gut ($\alpha = .90$ und $\alpha = .92$).

Tabelle 11 Berechnung von Cronbachs α für alle verwendeten Skalen

Skala	α
SES	.90
OHQ	.92
FOMO	.80
d-KV-SSSa	.87

Anmerkungen. [a] Der Fragebogen dient ursprünglich zur Erfassung der Smartphone-Sucht und wurde in der Erhebung entsprechend abgewandelt, sodass die Abhängigkeit von sozialen Netzwerken erhoben wurde.

4.2 Inferenzstatistik

In der inferenzstatistischen Auswertung erfolgte die Überprüfung der aufgestellten Hypothesen mittels der Rangkorrelation nach Spearman. Die Ergebnisse aller gerechneten Korrelationen sind in Tabelle 12 dargestellt.

Tabelle 12 Zusammenfassende Korrelationstabelle

Variable	1	2	3	4	5	6
1. Alter		.27***	.15*	-.34***	-.39***	-.40***
2. Selbstwertgefühl		–	.73***			
3. Glücksempfinden			–			
4. tägliche Nutzungsdauer		-.34***	-.24***	–	.26***	.57***
5. FOMO		-.43***			–	
6. Abhängigkeit			-.36***			–

Anmerkungen. N = 253. Es wurden Rangkorrelationen nach Spearman gerechnet. Dargestellt wird jeweils Spearmans rho. Die Ergebnisse der getesteten Hypothesen wurden hervorgehoben.

* $p \leq .05$. ** $p \leq .01$. *** $p \leq .001$.

Als H_1 wurde formuliert, dass ein negativer Zusammenhang zwischen der täglichen Nutzungsdauer von sozialen Netzwerken und dem Glücksempfinden besteht. In der Gesamtstichprobe gab es einen schwachen, negativen Zusammenhang ($r = -.24$) zwischen der täglichen Nutzungsdauer und dem Glücksempfinden. Die H_2 besagte, dass ein negativer Zusammenhang zwischen der täglichen Nutzungsdauer von sozialen Netzwerken und dem Selbstwertgefühl besteht. Die Überprüfung ergab einen mittleren, negativen Zusammenhang (r = -.34) zwischen der täglichen Nutzungsdauer und dem Selbstwertgefühl. Die H_3 ging von einem negativen Zusammenhang zwischen der Angst, auf sozialen Netzwerken etwas zu verpassen, und dem Selbstwertgefühl aus. In der Untersuchung gab es einen mittleren, negativen Zusammenhang (r = -.43) zwischen FOMO und dem Selbstwertgefühl. Für die H_4 wurde formuliert, dass ein negativer Zusammenhang zwischen der Abhängigkeit von sozialen Netzwerken und dem Glücksempfinden besteht. In der Gesamtstichprobe konnte ein mittlerer, negativer Zusammenhang (r = -.36) zwischen der Abhängigkeit von sozialen Netzwerken und dem Glücksempfinden gezeigt werden. Diese vier Korrelationen sind auf hohem Niveau signifikant ($p < .001$).

4.3 Weitere Ergebnisse

Im Rahmen der weiteren Ergebnisse werden zunächst die Zusammenhänge zwischen der soziodemografischen Variable Alter und allen numerischen Variablen betrachtet (siehe Tabelle 12). Zwischen dem Alter und dem Selbstwertgefühl besteht ein hoch signifikanter, schwacher – mit Tendenz zum mittleren – positiver Zusammenhang ($r = .27, p < .001$). Der positive Zusammenhang zwischen Alter und dem Glücksempfinden ist ebenfalls noch signifikant, fällt dabei jedoch deutlich schwächer aus ($r = .15, p < .05$). Für die Variablen Alter und tägliche Nutzungsdauer besteht ein mittlerer, negativer Zusammenhang, welcher ebenfalls hoch signifikant ist ($r = -.34, p < .001$). Zwischen Alter und FOMO besteht ebenfalls ein mittlerer, negativer Zusammenhang, der hoch signifikant ist ($r = -.39, p < .001$). Für die Variablen Alter und Abhängigkeit besteht ein mittlerer, negativer Zusammenhang auf hohem Signifikanzniveau ($r = -.40, p < .001$).

In einem weiteren Schritt werden die Geschlechtsunterschiede für alle Variablen, die zum Teil bereits zur Beschreibung der Variablen verwendet wurden, genauer betrachtet. Die Mittelwertsunterschiede der abhängigen Variablen (siehe Tabelle 13) und der unabhängigen Variablen (siehe Tabelle 14) werden getrennt voneinander dargestellt.

Tabelle 13 Mittelwertsunterschiede der abhängigen Variablen nach Geschlecht

Variable	Frauen (n = 184)		Männer (n = 69)		Gesamt (N = 253)		Signifi-kanz (p)
	M	SD	M	SD	M	SD	
Selbstwertgefühla	21.71	5.42	23.70	4.95	22.25	5.36	**
Glücksempfin-denb	4.47	0.67	4.50	0.69	4.48	0.67	0.626

Anmerkungen. a bis 16 Punkte: niedriges Selbstwertgefühl, 17-25 Punkte: durchschnittliches Selbstwertgefühl, ab 26 Punkte: hohes Selbstwertgefühl. b 1-2 Punkte: überhaupt nicht glücklich. 2-3 Punkte: etwas unglücklich. 3-4 Punkte: durchschnittlich. 4-5 Punkte: ziemlich glücklich. 5-6 Punkte: sehr glücklich.

$* p \leq .05. ** p \leq .01. *** p \leq .001.$

Männer haben ein höheres Selbstwertgefühl (M = 23.70, SD = 4.95) als Frauen (M = 21.71, SD = 5.42). Der Geschlechtsunterschied in Bezug auf die Variable Selbstwertgefühl ist signifikant ($p < .01$). Für das Glücksempfinden gibt es jedoch keine signifikanten Geschlechtsunterschiede.

Tabelle 14 Mittelwertsunterschiede der unabhängigen Variablen nach Geschlecht

Variable	Frauen (n = 184)		Männer (n = 69)		Gesamt (N = 253)		Signifikanz (p)
	M	SD	M	SD	M	SD	
tägliche Nut-zungsdauera	2.43	1.54	1.73	1.33	2.24	1.51	***
FOMOb	2.57	0.68	2.41	0.70	2.53	0.69	.0567
Abhängigkeitc	22.15	8.95	19.32	9.38	21.38	9.14	**

Anmerkungen. a Angabe in Stunden pro Tag. b Maximaler Wert: 5. c Maximaler Wert: 60.
$* p \leq .05. ** p \leq .01. *** p \leq .001.$

Frauen nutzen soziale Netzwerke täglich länger (M = 2.43, SD = 1.54) als Männer (M = 1.73, SD = 1.33) und sind stärker von sozialen Netzwerken abhängig (M = 22.15, SD = 8.95) als Männer (M = 19.32, SD = 9.38). Für beide Variablen sind die Geschlechtsunterschiede signifikant ($p \leq .01$). Für die Variable FOMO gibt es keine signifikanten Geschlechtsunterschiede.

Aufgrund des mittleren, negativen Zusammenhangs zwischen FOMO und Selbstwertgefühl (r = -.43), welcher bei der Überprüfung der H_3 errechnet wurde, wurde für diese Korrelation zusätzlich eine lineare Regression gerechnet, um Rückschlüsse auf einen eventuellen Ursache-Wirkungs-Zusammenhang zu ziehen. Die

Angst, auf sozialen Netzwerken etwas zu verpassen, war ein statistisch signifikanter Prädiktor für die Ausprägung des Selbstwertgefühls (b = -3.37, SE = 0.44, t = -7.64, p < .001, R^2 = .19). Die Angst, auf sozialen Netzwerken etwas zu verpassen, erklärt somit einen Anteil von 19 % der Varianz des Selbstwertgefühls. Dies wird durch die Regressionsgerade in Abbildung 3 verdeutlicht.

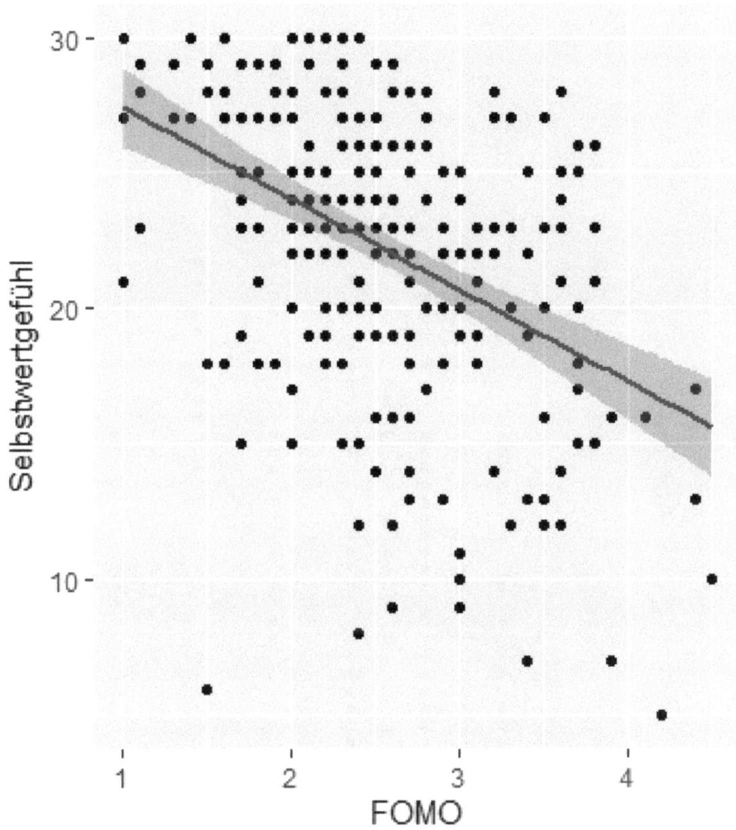

Abbildung 3. Lineare Regression für die Variablen FOMO und Selbstwertgefühl (Eigene Darstellung aus RStudio).

Anschließend wird geprüft, ob ein Zusammenhang zwischen der täglichen Nutzungsdauer und der Abhängigkeit von sozialen Netzwerken besteht (siehe Tabelle 12). In der Gesamtstichprobe gab es eine starke, positive Korrelation der beiden Variablen auf hohem Signifikanzniveau (r = .57, p < .001). Da aufgrund des starken Zusammenhangs eine Ursache-Wirkungs-Beziehung vermutet werden kann, wird für die Variablen tägliche Nutzungsdauer und Abhängigkeit zusätzlich eine lineare Regressionsanalyse durchgeführt. Die tägliche Nutzungsdauer war ein statistisch signifikanter Prädiktor für die Stärke der Abhängigkeit von sozialen Netzwerken (b = 2.57, SE = 0.35, t = 7.44, p < .001, R^2 = .18). Die tägliche Nutzungsdauer erklärt somit einen Anteil von 18 % der Varianz der Abhängigkeit von sozialen Netzwerken. Dies wird anhand der Regressionsgerade in Abbildung 4 verdeutlicht.

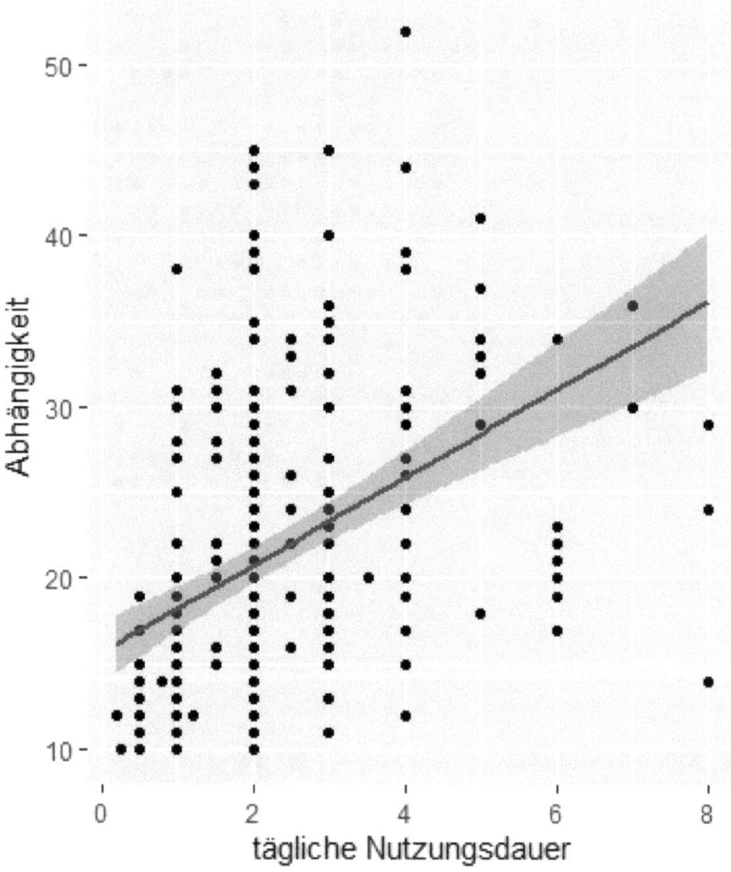

Abbildung 4. Lineare Regression für die Variablen tägliche Nutzungsdauer und Abhängigkeit (Eigene Darstellung aus RStudio).

Zusätzlich wird vermutet, dass für die Variablen tägliche Nutzungsdauer und FOMO ein Zusammenhang besteht. Wie aus Tabelle 12 hervorging, besteht in der Gesamtstichprobe ein schwacher, positiver – mit Tendenz zum mittleren – Zusammenhang zwischen der täglichen Nutzungsdauer und der Angst, auf sozialen Netzwerken etwas zu verpassen ($r = .26$, $p < .001$).

Anschließend werden die Unterschiede in der täglichen Nutzungsdauer aufgrund der Nutzungsart betrachtet. Aus Tabelle 15 geht hervor, dass Nutzer und Nutzerinnen, die soziale Netzwerke sowohl privat als auch beruflich nutzen, die höchste tägliche Nutzungsdauer haben ($M = 2.38$, $SD = 1.59$).

Tabelle 15 Tägliche Nutzungsdauer nach Nutzungsart

Nutzungsart	tägliche Nutzungsdauera	
	M	SD
Gesamt (N = 253)	2.24	1.51
nur privat (n = 173)	2.22*	1.45
nur beruflich (n = 8)	1.34*	1.96
sowohl privat als auch beruflich (n = 72)	2.38*	1.59

Anmerkungen. a Angabe in Stunden pro Tag.

* p ≤ .05. ** p ≤ .01. *** p ≤ .001.

Die Mittelwertsunterschiede der drei Gruppen sind signifikant, daher werden die Mittelwerte der einzelnen Gruppen paarweise miteinander getestet, um herauszustellen zwischen welchen Gruppen ein signifikanter Unterschied besteht. Sowohl die nur privaten und nur beruflichen Nutzer und Nutzerinnen ($M = 2.22$, $SD = 1.45$ und $M = 1.34$, $SD = 1.96$) als auch die nur beruflichen und sowohl privat als auch beruflichen Nutzer und Nutzerinnen ($M = 1.34$, $SD = 1.96$ und $M = 2.38$, $SD = 1.59$) unterscheiden sich signifikant in ihrer täglichen Nutzungsdauer (jedes $p < .01$). Zur Verdeutlichung des Ergebnisses dient der Boxplot in Anhang D.

Aufgrund der besonderen Nutzungsbeschränkungen der Plattform Google+ werden die Nutzungshäufigkeiten in Abhängigkeit zur Nutzungsart ebenfalls gesondert betrachtet. Aus Tabelle 16 geht hervor, dass 174 von 253 Teilnehmenden Google+ nie verwenden. Innerhalb der Stichprobe geben insgesamt 26 ausschließlich private Nutzer und Nutzerinnen an, dass Sie Google+ mehrmals täglich oder täglich nutzen.

Tabelle 16 Absolute Nutzungshäufigkeit von Google+ nach Nutzungsart

Nutzungsart	Nutzungshäufigkeit Google+				
	mehrmals täglich	täg- lich	wöchent- lich	sel- ten	nie
Gesamt (N = 253)	20	22	19	18	174
nur privat (n = 173)	11	15	13	13	121
nur beruflich (n = 8)	0	0	1	2	5
sowohl privat als auch beruflich (n = 72)	9	7	5	3	48

Abschließend wird ergänzend der Zusammenhang zwischen den beiden abhängigen Variablen Selbstwertgefühl und Glück untersucht. Wie aus Tabelle 12 ersichtlich ist, besteht zwischen Selbstwertgefühl und Glück ein starker, positiver sowie hoch signifikanter Zusammenhang ($r = .73$, $p < .001$).

5 Diskussion

In diesem Kapitel werden die Ergebnisse der Studie, welche in Kapitel 4 beschrieben wurden, diskutiert. Zu Beginn werden Besonderheiten aus der deskriptiven Betrachtung der Variablen analysiert. Anschließend werden die inferenzstatistischen und weiteren Ergebnisse unter Einbezug der bestehenden Forschungsergebnisse interpretiert. Es folgt eine kritische Reflexion der Studie, welche etwaige Limitationen der Untersuchung aufzeigen soll. An dieser Stelle wird zusätzlich die Repräsentativität der Studie diskutiert. Zum Abschluss werden sowohl Anhaltspunkte für zukünftige Forschungsarbeiten als auch praktische Ansätze dargelegt.

5.1 Diskussion der Studienergebnisse

Die Diskussion der Studienergebnisse gliedert sich, analog zum Ergebnisteil, in Deskriptivstatistik, Inferenzstatistik und weitere Ergebnisse.

5.1.1 Deskriptivstatistik

Bei Betrachtung der Alters- und Geschlechtsverteilung der Gesamtstichprobe in Tabelle 2 wurde deutlich, dass circa 86 % der Teilnehmenden in die Altersspanne 18-37 Jahre eingruppiert werden können. Für die drei weiteren Altersgruppen nimmt die Teilnehmerzahl stark ab. Insbesondere die Altersgruppe der 58-67-Jährigen ist mit nur 3 Personen sehr wenig vertreten. Die Altersstruktur weist eine linkssteile Verteilung auf. Obwohl bei der Distribution des Fragebogens darauf geachtet wurde, dass nicht nur Studenten angesprochen werden, lässt sich die Altersstruktur der Erhebung dadurch erklären, dass viele Befragte aus dem persönlichen Umfeld der Erstellerin stammen und sich daher in einer ähnlichen Altersspanne befinden. Insbesondere im Hinblick auf die durchgeführten Vergleiche hinsichtlich der Geschlechtsunterschiede ist die ungleiche Verteilung der Geschlechter innerhalb der Stichprobe mit 184 Frauen und nur 69 Männern ebenfalls kritisch zu betrachten. Die Interpretation der Variable Selbstwertgefühl zeigt anhand der Werte, dass innerhalb der Stichprobe sowohl Teilnehmende mit geringem und durchschnittlichem Selbstwertgefühl als auch Teilnehmende mit einem hohen Selbstwertgefühl repräsentiert sind. Die meisten Befragten haben mit einem Mittelwert von 22.25 Punkten ein durchschnittliches Selbstwertgefühl (Fragebogen zum Selbstwertgefühl, n.d.). Bei Betrachtung der Variable Glück wird deutlich, dass die Stichprobe sowohl überhaupt nicht glückliche, aber auch sehr glückliche Personen umfasst. Im Durchschnitt sind die Befragten mit 4.48 Punkten aber ziemlich glücklich (Opprecht, n.d.). In Tabelle 4 wurden die prozentualen Nutzungshäufigkeiten der Netzwerke dargestellt. Um eine Rangfolge unter den zur Auswahl stehenden sozialen Netzwerken zu bilden, werden die prozentualen Häufigkeiten der täglichen Nutzungsdauern (vgl. Spalten mehrmals täglich und täglich) herangezogen. Hierbei ergibt sich die in Abbildung 5 dargestellte Rangordnung.

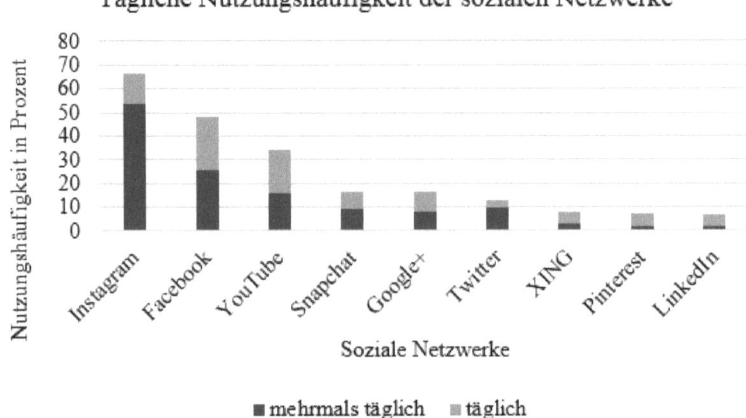

Abbildung 5. Rangfolge der meistgenutzten sozialen Netzwerke anhand der täglichen Nutzungsdauer (Eigene Darstellung).

In der Gesamtstichprobe wird Instagram neben Facebook und YouTube am meisten genutzt. Die sozialen Netzwerke LinkedIn, Pinterest und Xing haben die geringsten Nutzungshäufigkeiten. Mit fast 70 % täglicher Nutzungshäufigkeit ist Instagram sehr deutlich das beliebteste soziale Netzwerk innerhalb der Gesamtstichprobe. Dieses Ergebnis ist widersprüchlich zu den bisherigen Forschungsbefunden, wie beispielsweise vom BVDW (2018), die Facebook als meistgenutztes soziales Netzwerk identifizieren. Die Tatsache, dass Google+ in der Stichprobe eine prozentuale tägliche Nutzungshäufigkeit von ungefähr 16 % aufweist muss kritisch betrachtet werden. Da die Nutzung von Google+ nur noch Business-Kunden vorbehalten ist und in der Gesamtstichprobe 26 rein private Nutzer und Nutzerinnen angeben die Plattform mehrmals täglich oder täglich zu nutzen, erscheinen die Daten nicht plausibel. Eine mögliche Erklärung hierfür ist, dass die abgefragten Netzwerke vorab nicht eindeutig definiert wurden. Stattdessen wurde die Bekanntheit der abgefragten Netzwerke bei den Teilnehmenden vorausgesetzt. Die Daten lassen darauf schließen, dass einige Befragten nicht wussten, was die Plattform Google+ ist oder diese mit einem von zahlreichen anderen Google-Diensten – wie beispielsweise Google-Suche, Messages oder Gmail – verwechselt oder gleichgesetzt haben. Aufgrund dieser Unstimmigkeiten lassen sich die Daten zur Nutzungshäufigkeit von Google+ nicht interpretieren. Es ist allerdings gut erkennbar, dass neben Pinterest insbesondere soziale Netzwerke aus dem beruflichen Kontext – wie Xing und LinkedIn – nur sehr selten genutzt werden. Dies lässt sich dadurch begründen, dass lediglich acht Personen angaben, soziale Netzwerke ausschließlich beruflich zu nutzen. Der berufliche Aspekt der Social-Media-Nutzung hatte in dieser Erhebung somit insgesamt eine geringe Bedeutung. Die zusätzliche Betrachtung der meist genutzten sozialen Netzwerke unter Berücksichtigung der verschiedenen Altersgruppen (siehe Tabellen 5 und 6) zeigte, dass die 18-27-Jährigen überwiegend Facebook, YouTube, Instagram und Snapchat nutzen. Die Altersgruppe der 28-37-Jährigen verwendet Facebook, YouTube und Instagram am meisten. Für die 48-57-Jährigen ist eine Präferenz der sozialen Netzwerke Facebook und YouTube erkennbar, während die 58-67-Jährigen am häufigsten YouTube und Pinterest nutzen. An dieser Stelle ist ebenfalls zu berücksichtigen, dass die Erkenntnisse für die Altersgruppen 3, 4 und 5 – aufgrund der sehr geringen Teilnehmerzahl – nur bedingt repräsentativ sind. Um einen besseren Einblick in die Nutzungspräferenzen dieser Altersgruppen zu erhalten, hätten deutlich mehr Personen in dieser Altersspanne an der Erhebung teilnehmen müssen. In der Gesamtstichprobe werden soziale Netzwerke täglich im Schnitt 2 Stunden und 14 Minuten genutzt (M = 2.24, SD = 1.51). Die tägliche Nutzungsdauer liegt in dieser Untersuchung deutlich über den ermittelten Werten des BVDW (2018) mit 71 Minuten pro Wochentag beziehungsweise 80 Minuten am Wochenende. Aus Tabelle 7 ging ebenfalls hervor, dass die tägliche Nutzungsdauer mit zunehmendem Alter abnimmt. Dies kann darauf zurückgeführt werden, dass junge Teilnehmende eine größere Bandbreite an sozialen Netzwerken nutzen als die älteren Teilnehmende. Bei jungen Menschen kann man von einer höheren Affinität für soziale Netzwerke ausgehen, da sie als Digital Natives bereits von Geburt an mit dem Internet und digitalen Medien aufgewachsen sind (Siepermann, 2018). Im Gegensatz dazu sind ältere Menschen – als sogenannte Digital Immigrants – erst im Laufe ihres Lebens mit der digitalen Welt konfrontiert worden (Siepermann, 2018). Die häufigsten Gründe für die Nutzung sozialer Netzwerke sind in dieser Untersuchung, um unterhaltsame Inhalte zu finden (78,26 %), um von den Aktivitäten von Freunden zu erfahren (73,91 %) und um über aktuelle Nachrichten informiert zu werden (68,38 %). Über 70 % der Befragten möchten durch regelmäßiges Überprüfen und Aktualisieren der Plattformen immer über die Aktivitäten der eigenen Freunde und Bekannten informiert bleiben – aus Angst davor, etwas zu verpassen. Dies verdeutlicht die Relevanz des Konstruktes FOMO im Zusammenhang mit Social-Media-Nutzung. Für die Gesamtstichprobe errechnet sich ein durchschnittlicher Wert auf der FOMO-Skala (M = 2.53, SD = 0.69). Auf der Skala kann ein maximaler Wert von 5 erreicht werden. Das Ergebnis zeigt somit, dass die Angst, auf sozialen Netzwerken etwas zu verpassen, bei den Befragten zwar vorhanden, aber nicht überdurchschnittlich ausgeprägt, ist. Die Werte der FOMO-Skala, lassen sich jedoch nur sehr grundlegend interpretieren. Je höher der errechnete individuelle Wert ist, desto stärker ist die Angst, auf sozialen Netzwerken etwas zu verpassen, ausgeprägt. Mit zunehmendem Alter nimmt die Ausprägung von FOMO ab, was darauf zurückzuführen ist, dass auch die tägliche Nutzungsdauer von sozialen Netzwerken geringer ist. Die Abhängigkeit von sozialen Netzwerken ist in der Gesamtstichprobe eher weniger stark ausgeprägt (M = 21.38, SD = 9.14), da auf dieser Skala der maximale Wert 60 erreicht werden kann. Die abnehmende Abhängigkeit über die Altersgruppen hinweg (siehe Tabelle 10) erscheint aufgrund des unterschiedlichen Nutzungsverhaltens von jüngeren und älteren Teilnehmenden ebenfalls plausibel. Hieraus kann abgeleitet werden, dass die Befragten soziale Netzwerke nicht exzessiv nutzen, wobei dies widersprüchlich zu der durchschnittlichen Nutzungsdauer von über 2 Stunden täglich ist. Die Erhebung beruht jedoch auf einer Selbsteinschätzung, da die Befragten angeben wie stark die Aussagen der Items auf sie zutreffen. Dabei muss bedacht werden, dass die Items möglicherweise als weniger zutreffend empfunden und bewertet wurden, da den betroffenen Personen eine Abhängigkeit selbst womöglich nicht bewusst ist. An dieser Stelle kann auch sozial erwünschtes Antwortverhalten von Bedeutung sein.

5.1.2 Inferenzstatistik

Das Testen der aufgestellten Hypothesen führt, aufgrund der in Abbildung 6 dargestellten Ergebnisse, zu folgenden Schlussfolgerungen.

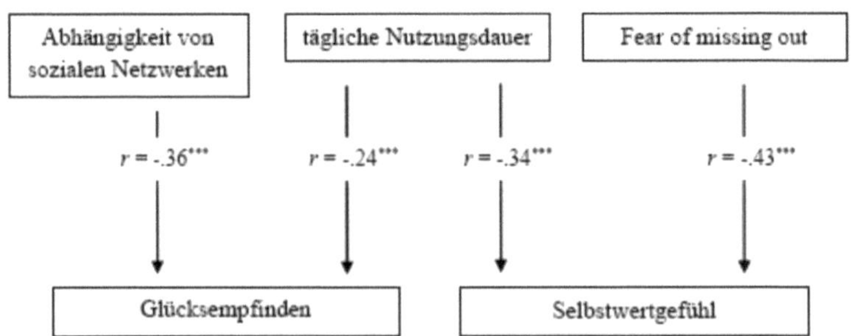

Abbildung 6. Visualisierung der Ergebnisse der Inferenzstatistik (Eigene Darstellung).

Die H_1 wird nicht angenommen, die H_0 wird beibehalten.

In der Gesamtstichprobe besteht ein signifikanter aber nur schwacher negativer Zusammenhang zwischen der täglichen Nutzungsdauer und dem Glücksempfinden ($r = -.24, p < .001$). Da nur ein schwacher Zusammenhang vorliegt, kann die H_1 nicht angenommen werden. Insgesamt wird das Glücksempfinden der Nutzer und Nutzerinnen also nicht maßgeblich negativ durch die Stunden der täglichen Nutzung beeinflusst. Hierbei ist zu beachten, dass innerhalb der Gesamtstichprobe nur fünf Personen für das Glücksempfinden einen Wert von weniger als 3 Punkten aufweisen und somit überhaupt nicht glücklich bis etwas unglücklich sind. Das Verhältnis zu den Befragten, die mäßig glücklich bis sehr glücklich sind, also einen Wert von mehr als 4 Punkten aufweisen, ist sehr unausgeglichen. Da die Stichprobe überwiegend glückliche Personen enthält, wird die Variable Glück in ihrer Variabilität eingeschränkt, was eine Ursache für die schwache, negative Korrelation sein kann. Gegebenenfalls wäre die Korrelation in einer größeren Stichprobe stärker ausgefallen. Im Umkehrschluss kann jedoch auch festgehalten werden, dass kein positiver Zusammenhang der beiden Variablen besteht, das heißt dass die häufige Nutzung von sozialen Medien die Nutzer und Nutzerinnen nicht glücklicher macht. Beurteilt man dieses Ergebnis in Bezug auf bisherige Forschungsergebnisse wird deutlich, dass der negative Zusammenhang der Variablen insgesamt bestätigt werden kann. Die Ergebnisse aus vorangegangenen Studien beziehen sich jedoch überwiegend auf die allgemeine Lebenszufriedenheit und nicht auf das Glücksempfinden und zeigen ebenfalls nur schwache Zusammenhänge, die jedoch zum Teil noch schwächer sind als in dieser Untersuchung (vgl. Vigil & Wu, 2015).

Die H_2 wird angenommen, die H_0 wird verworfen.

Es wird deutlich, dass die tägliche Nutzungsdauer von sozialen Netzwerken das Selbstwertgefühl der Nutzer und Nutzerinnen negativ beeinflusst ($r = -.34, p < .001$). Der Sachverhalt kann dadurch erklärt werden, dass die Nutzung von sozialen Netzwerken durch den breitgefächerten Einblick in das Leben anderer Personen soziale Vergleiche begünstigt, wobei diese das Selbstwertgefühl maßgeblich beeinflussen. Aufgrund des negativen Zusammenhangs ist anzunehmen, dass in den sozialen Netzwerken überwiegend aufwärtsgerichtete Vergleiche erfolgen. Durch das impression management entstehen in sozialen Netzwerken Beiträge, die die Nutzer und Nutzerinnen idealisiert darstellen. Das kann dazu führen, dass bei den Nutzern und Nutzerinnen das Gefühl entsteht, dass die Vergleichsstandards nicht erreicht werden können, was in einem geringeren Selbstwertgefühl resultieren kann.

Die bisherigen Forschungsergebnisse wie beispielsweise von Jan et al. (2017), die ebenfalls negative Zusammenhänge in Bezug auf die beiden Variablen berichteten, konnten somit eindeutig bestätigt werden.

Die H_3 wird angenommen, die H_0 wird verworfen.

In der Gesamtstichprobe beeinflusst die Angst auf sozialen Netzwerken etwas zu verpassen das Selbstwertgefühl der Nutzer und Nutzerinnen negativ (r = -.43, p < .001). Dieses Ergebnis erscheint in Zusammenhang mit der H_2 plausibel. In der bisherigen Forschung konnte bereits ein positiver Zusammenhang zwischen FOMO und dem Engagement in sozialen Netzwerken gezeigt werden (Przybylski et al., 2013). Das zunehmende Engagement in sozialen Netzwerken spiegelt sich in einer steigenden täglichen Nutzungsdauer wider, welche das Selbstwertgefühl ebenfalls negativ beeinflusst. Die ergänzende Regressionsanalyse zeigt, dass die Angst, auf sozialen Netzwerken etwas zu verpassen, ein signifikanter Prädiktor für das Selbstwertgefühl ist und einen Anteil von 19 % der Varianz der Variable Selbstwertgefühl erklärt. Das Ergebnis verdeutlicht außerdem die enge Verknüpfung zwischen den sozialen Vergleichsprozessen in sozialen Netzwerken und der Angst, auf sozialen Netzwerken etwas zu verpassen.

Die H_4 wird angenommen, die H_0 wird verworfen.

Es wird deutlich, dass die Abhängigkeit von sozialen Netzwerken das Glücksempfinden negativ beeinflusst. An dieser Stelle muss ebenfalls beachtet werden, dass die Variabilität des Glücksempfindens innerhalb der Gesamtstichprobe, aufgrund der wenigen unglücklichen Befragten, eingeschränkt ist. Gegebenenfalls hätte in einer größeren Stichprobe ein noch stärkerer negativer Zusammenhang als der festgestellte (r = -.36, p < .001) gezeigt werden können. Dieses Ergebnis erscheint unter Berücksichtigung der H_1 zunächst widersprüchlich, da die tägliche Nutzungsdauer das Glücksempfinden der Nutzer und Nutzerinnen nur schwach beeinflusst. Es konnte jedoch gezeigt werden, dass die Abhängigkeit von sozialen Netzwerken mit steigender täglicher Nutzungsdauer stark zunimmt (r = .57, p < .001). Für die Variablen tägliche Nutzungsdauer und Abhängigkeit von sozialen Netzwerken kann aufgrund der vorangegangenen Regressionsanalyse von einem Ursache-Wirkungs-Zusammenhang ausgegangen werden. Das Ergebnis unterstreicht die Resultate aus bisherigen Studien, in denen gezeigt werden konnte, dass exzessive Facebook-Nutzung das allgemeine Wohlbefinden reduziert (Satici & Uysal, 2015). Die Abhängigkeit von sozialen Netzwerken kann jedoch nur bedingt interpretiert werden. Je höher der Wert auf der Skala d-KV-SSS ist, desto eher tendiert eine Person zur Social-Media-Sucht. Aufgrund dieser Ergebnisse wäre es interessant, genauer zu betrachten, ab wie viel Stunden täglicher Nutzungsdauer tatsächlich von einer Abhängigkeit von sozialen Netzwerken gesprochen werden kann.

5.1.3 Weitere Ergebnisse

Bei Betrachtung des Einflusses der Variable Alter konnte die altersbedingte Steigerung des Selbstwertgefühls aus bisherigen Studien bestätigt werden. Der schwache, positive Zusammenhang zwischen dem Alter und dem Glücksempfinden (r = .15, p < .05) entspricht ebenfalls der Annahme der bisherigen Forschung, dass das Alter kaum Aufschluss über das Glücksempfinden ermöglicht (Myers, 2000). Auf die Variablen tägliche Nutzungsdauer, FOMO und Abhängigkeit von sozialen Netzwerken hat das Alter einen mittleren, negativen Einfluss (r = -.34, r = -.39, r = -.40, jedes p < .001). Diese Ergebnisse lassen sich dadurch erklären, dass die Verbreitung der sozialen Netzwerke bei jüngeren Personen deutlich höher ist. Somit nehmen sowohl die tägliche Nutzungsdauer als auch FOMO und die Abhängigkeit von sozialen Netzwerken mit steigendem Alter ab. Der negative Zusammenhang zwischen FOMO und dem Alter aus der bisherigen Forschung von Przybylski et al. (2013) konnten somit bestätigt werden. Betrachtet man die Geschlechtsunterschiede für alle Variablen, so wird deutlich, dass das Selbstwertgefühl der Männer (M = 23.70, p < .01) signifikant höher ist als das Selbstwertgefühl der Frauen (M = 21.71, p < .01). Dies bestätigt die bestehende Forschung von Bleidorn et al. (2016). Die Geschlechtsunterschiede in der täglichen Nutzungsdauer und der Abhängigkeit von sozialen Netzwerken – wobei Frauen in beiden Variablen eine deutlich höhere Ausprägung aufweisen als Männer (siehe Tabelle 14) – lassen darauf schließen, dass die Nutzung sozialer Netzwerke für Frauen attraktiver ist als für Männer. Eine mögliche Interpretation hierfür ist, dass soziale Netzwerke den Fokus insbesondere beim Erstellen von Beiträgen auf Kommunikation und Kreativität legen, wodurch sich vor allem Frauen angesprochen fühlen. Für die Variable FOMO haben Frauen in der Erhebung eine höhere Ausprägung als Männer. Obwohl der Unterschied nicht signifikant ist, steht er im Gegensatz zur Forschung von Przybylski et al. (2013), die herausfanden, dass Männer – insbesondere im jungen Erwachsenenalter – die höchsten Ausprägungen von FOMO aufweisen. Die rein beruflichen Nutzer und Nutzerinnen verwenden soziale Netzwerke jeden Tag am wenigsten (siehe Tabelle 15). In der täglichen Nutzungsdauer unterscheiden sich die nur privaten und nur beruflichen Nutzer und Nutzerinnen sowie die nur beruflichen Nutzer und Nutzerinnen und Befragte, die soziale Netzwerke sowohl privat als auch beruflich nutzen signifikant. Sowohl privat als auch berufliche Nutzer und Nutzerinnen (M =

2.38, SD = 1.59) verwenden soziale Netzwerke täglich nur ungefähr 10 Minuten länger als rein private Nutzer und Nutzerinnen (M = 2.22, SD = 1.45). Die Daten zeigen, dass soziale Netzwerke in der Gesamtstichprobe überwiegend privat genutzt werden – die Nutzung aus beruflichen Gründen erhöht die tägliche Nutzungsdauer nur geringfügig. Die abschließende Betrachtung der Beziehung der beiden abhängigen Variablen Selbstwertgefühl und Glück belegt, dass Personen mit einem hohen Selbstwertgefühl deutlich glücklicher sind als Personen mit einem geringeren Selbstwertgefühl (siehe Tabelle 12). Die bisherigen Forschungsergebnisse von Baumeister et al. (2003) können somit bestätigt werden.

5.2 Limitationen der Studie

Die vorangegangene Forschungsarbeit weist einige Limitationen auf, die nachfolgend kritisch diskutiert werden. Aus der Rücklaufstatistik in Anhang B geht hervor, dass die Teilnahme am häufigsten auf Seite 2 und auf Seite 6 des Fragebogens abgebrochen wurde. Die Abbrüche des Fragebogens auf Seite 2 lassen sich erklären durch Personen, die den Link anklicken und sich dann, bevor sie in die Beantwortung der Fragen einsteigen, dazu entschließen den Fragebogen erst zu einem späteren Zeitpunkt auszufüllen. Auf Seite 6 des Fragebogens wurden lediglich die soziodemografischen Variablen abgefragt. Die vergleichsweise hohe Anzahl der Abbrüche an dieser Stelle lässt darauf schließen, dass sich einige potenzielle Teilnehmende nicht in der Altersspanne von 18-67 Jahren befanden und die Teilnahme daher an dieser Stelle beendeten. Dies hätte durch eine bessere Gestaltung des Fragebogens verhindert werden können, wenn auf der ersten Seite bereits auf die eingeschränkte Altersspanne hingewiesen worden wäre. Da zur Datenerhebung ein Online-Fragebogen verwendet wurde, müssen die erhobenen Daten ebenfalls in Bezug auf die Störfaktoren bei Online-Befragungen kritisch betrachtet werden. Der Fragebogen kann von den Teilnehmenden zu jeder Zeit an jedem Ort beantwortet werden, wodurch das Antwortverhalten beeinflusst werden kann. Bei der Messung des Glücks war das Ziel, herauszufinden, wie glückliche die befragten Personen allgemein mit ihrem Leben sind. Indem die Fragen des OHQ vor den Fragen zum Nutzungsverhalten in sozialen Netzwerken gestellt wurden, wurde bereits darauf geachtet, dass kein direkter Bezug zwischen den Antworten besteht. Allerdings müssen die Daten an dieser Stelle hinterfragt werden, da das individuelle Glücksempfinden immer sehr stark von situativen Einflüssen geprägt sein kann, die für Dritte nicht nachvollziehbar sind. Das Nutzungsverhalten Social Media wurde ausschließlich durch Selbsteinschätzung der Befragten erhoben. Um die Daten zu validieren und sozial erwünschtes Antwortverhalten auszuschließen, wäre es sinnvoll gewesen an einigen Stellen auch objektive Daten miteinzubeziehen. So hätte beispielsweise die tägliche Nutzungsdauer durch Angabe der Bildschirmzeit auf dem Smartphone überprüft werden können. Die Häufigkeit der Nutzung einzelner Netzwerke hätte außerdem durch die Angabe des letzten Zugriffszeitpunktes kontrolliert werden können. Insbesondere die Daten zur Nutzungshäufigkeit von Google+ stellen eine Einschränkung der Studie dar. Da das Netzwerk vorab nicht definiert wurde, enthält die Stichprobe unplausible Daten zur Nutzungshäufigkeit, die somit nicht interpretiert werden können. Für zukünftige Untersuchungen ist das Netzwerk Google+ nur noch relevant, wenn die berufliche Nutzung von Social Media betrachtet wird, da die private Verwendung der Plattform nicht mehr möglich ist. Bei der Erhebung der privaten und beruflichen Nutzung wurden die Teilnehmenden lediglich gefragt, auf welche Art sie soziale Netzwerke überwiegend nutzen. Da die Anzahl der rein beruflichen Nutzer und Nutzerinnen sehr gering ist, kann die Art der Nutzung nur bedingt interpretiert werden. Um einen besseren Aufschluss über die Art der Nutzung zu erhalten, wäre es sinnvoll gewesen ebenfalls den derzeit ausgeübten Beruf abzufragen. Es kann davon ausgegangen werden, dass auch die Art des ausgeübten Berufs die Nutzung von sozialen Netzwerken beeinflusst. Während Personen aus der Marketing- oder Medienbranche naturgemäß häufiger mit sozialen Medien in Kontakt kommen, haben andere Berufsgruppen, wie zum Beispiel in der Handwerkerbranche, an ihrem Arbeitsplatz gar keinen oder nur eingeschränkten Zugang zu sozialen Netzwerken. Die Abhängigkeit von sozialen Netzwerken wurde durch eine Abwandlung der d-KV-SSS erhoben. Die Ergebnisse können jedoch nur bedingt interpretiert werden, da die Tendenz zur Abhängigkeit mit steigendem Wert auf der Skala zunimmt. Eine konkretere Einordnung des Wertes – beispielsweise in verschiedene Stadien der Sucht – ist jedoch nicht möglich, wodurch die Aussagekräftigkeit der Variable eingeschränkt wird. An dieser Stelle hätte in der Erhebung alternativ die Internetsuchtskala (ISS) verwendet werden können. Die Subskalen der ISS orientieren sich an den fünf Indikatoren der Internetsucht: Kontrollverlust, Entzugserscheinungen, Toleranzentwicklung, negative Konsequenzen in Arbeit und Leistung sowie negative Konsequenzen in sozialen Beziehungen (Hahn & Jerusalem, 2010, S.186f.). Dies ermöglicht im Vergleich zur d-KV-SSS eine tiefergehende Interpretation der Internetsucht. Abschließend ist die Repräsentativität der Stichprobe kritisch zu reflektieren. Aufgrund der unausgeglichenen Teilnehmerzahl in den verschiedenen Altersgruppen und der daraus resultierenden linkssteilen Altersverteilung – welche nicht der Altersverteilung der deutschen Gesamtbevölkerung entspricht – ist die Repräsentativität der

Stichprobe eingeschränkt. Um dies zu vermeiden, hätte der Fragebogen noch breiter gestreut werden müssen. Ein weiterer Kritikpunkt bei der Zusammensetzung der Stichprobe, insbesondere in Bezug auf die durchgeführten Geschlechtsvergleiche, ist die deutlich ungleiche Geschlechtsverteilung.

5.3 Ansätze für zukünftige Forschung

Aus der vorangegangenen Forschungsarbeit lassen sich einige Anhaltspunkte für zukünftige Untersuchungen ableiten. Zunächst wäre es interessant, die Ausprägungen im Glücksempfinden und Selbstwertgefühl von Personen, die keine sozialen Netzwerke nutzen, als Vergleichsgrundlage heranzuziehen. Hierzu sollte die Studie mit einer größeren Teilnehmerzahl und ohne Teilnahmebeschränkungen durchgeführt werden. Das Ziel dabei ist es, in etwa genauso viele Personen, die keine sozialen Netzwerke nutzen, wie Social-Media-Nutzer und -Nutzerinnen zu erreichen, sodass ein direkter Vergleich der Ausprägungen erfolgen kann. Aufgrund der negativen Zusammenhänge zwischen der Social-Media-Nutzung und dem Selbstwertgefühl wäre es außerdem bedeutsam die Arten der sozialen Vergleiche in sozialen Netzwerken und deren Auswirkungen genauer zu untersuchen, da soziale Vergleiche eine der wesentlichen Quellen des Selbstwertgefühls sind. Hierbei empfiehlt es sich auch die aktive und passive Nutzungsweise miteinzubeziehen, wobei diese Variable schwer mittels Selbsteinschätzung der Nutzenden zu erheben ist. Die Nutzungsweisen unterscheiden sich darin, dass aktive Nutzer und Nutzerinnen durch Nutzen der Kommunikationsfunktionen oder durch das Teilen eigener Beiträge in sozialen Netzwerken aktiv agieren, während passive Nutzer und Nutzerinnen stille Mitleser und Beobachter in sozialen Netzwerken sind. Ein solches Untersuchungsdesign könnte Aufschluss darüber geben, ob die aktive oder die passive Nutzung von sozialen Netzwerken empfehlenswerter ist und welche Konsequenzen damit jeweils einhergehen. Damit die Befragten sich als aktiv oder passiv einordnen können, müssen die Begriffe jedoch vorab durch konkrete Verhaltensweisen in sozialen Netzwerken klar definiert werden. Ein weiteres potenzielles Forschungsgebiet besteht in der detaillierten Untersuchung der Abhängigkeit von sozialen Netzwerken. Dabei wäre insbesondere interessant darzustellen, wodurch die Abhängigkeit von sozialen Netzwerken entsteht und anhand welcher Symptome oder Verhaltensweisen diese festgemacht werden kann. Im Zuge dessen sollte außerdem überprüft werden, ob es unterschiedliche Stadien der Abhängigkeit gibt und wie sich diese definieren.

Eine solche Untersuchung könnte durch die Erstellung eines Fragebogens mit gesicherten Gütekriterien zur Erhebung der Abhängigkeit von sozialen Netzwerken mit entsprechendem Praxisbezug abgerundet werden.

5.4 Fazit und Ansätze für die Praxis

Zur Abrundung der Forschungsarbeit wird das nachfolgende Resümee gezogen und es werden Nutzungsempfehlungen für die Praxis entwickelt. Die eingangs gestellte Forschungsfrage, inwieweit sich das Nutzungsverhalten in sozialen Netzwerken unter Berücksichtigung von FOMO auf das Glücksempfinden und das Selbstwertgefühl der Nutzer und Nutzerinnen auswirkt, kann eindeutig beantwortet werden. Das Selbstwertgefühl reduziert sich durch steigende Social-Media-Nutzung deutlich, wobei das Glücksempfinden nur geringfügig negativ beeinflusst wird. Im Gegenzug kann jedoch festgehalten werden, dass soziale Netzwerke nicht genutzt werden, weil sie die Nutzer und Nutzerinnen glücklicher machen, sondern in erster Linie zu Unterhaltungszwecken und aufgrund von sozialen Aspekten. Die sozialen Netzwerke spielen aufgrund der zunehmenden Digitalisierung in unserer Gesellschaft eine zentrale Rolle. Es kann davon ausgegangen werden, dass dies auch in Zukunft der Fall sein wird. Aus der Forschungsarbeit können abschließend einige Praxisansätze abgeleitet werden, die als Nutzungsempfehlungen für den zukünftigen Gebrauch von sozialen Netzwerken verstanden werden können. Zunächst sollte darauf geachtet werden, dass die Nutzung von sozialen Netzwerken nicht überhandnimmt, sodass alltägliche Verpflichtungen und der persönliche Kontakt mit Familie, Freunden und Bekannten nicht darunter leiden. Hierzu empfiehlt sich ein bewusster und gezielter Umgang mit Social Media. Ein bewusster Umgang mit sozialen Netzwerken kann erreicht werden, indem man sich als Nutzer oder Nutzerin beispielsweise das Phänomen des impression management bewusst macht und die dargebotenen Inhalte in sozialen Netzwerken distanziert – und falls erforderlich – auch kritisch wahrnimmt. Der gezielte Umgang meint, dass man sich vor der Nutzung überlegt, zu welchem Zweck beziehungsweise mit welchem konkreten Ziel das soziale Netzwerk genutzt wird, um willkürliche und belanglose Nutzung zu vermeiden. Sofern Nutzer und Nutzerinnen soziale Netzwerke aktiv nutzen – also Beiträge, Fotos oder andere Inhalte teilen – besteht ebenfalls die Möglichkeit, dem impression management durch die realitätsgetreue Gestaltung der eigenen Beiträge entgegenzuwirken. Dies ist auch das Ziel eines relativ neuen Social-Media-Trends, der vor allem auf der Multimediaplattform Instagram – welche in dieser Untersuchung die beliebteste Plattform war – wiederzufinden ist. Es handelt sich dabei um sogenannte „Instagram vs. Reality"-Posts, welche aus zwei nebeneinanderliegenden Bildern bestehen und somit den direkten Vergleich einer idealisierten Darstellung mit einer natürlichen Darstellung – oftmals von Personen, insbesondere Frauen – ermöglichen (Tiggemann & Anderberg, 2019). Eine weitere Empfehlung ist es, sich immer wieder bewusste Auszeiten von Social Media zu nehmen. In diesem Zusammenhang begegnet einem derzeit immer häufiger der Begriff „Digital Detox", was übersetzt digitale Entgiftung oder digitaler Entzug bedeutet. Unter dem Begriff versteht man, dass auf alle technischen Geräte für einen selbstgewählten Zeitraum – mindestens jedoch für 24 Stunden – verzichtet wird (Otto, 2016, S. 134). Digital Detox ist vor allem dadurch bekannt geworden, dass Influencer die Möglichkeit nutzen, um sich hin und wieder digitale Auszeiten zu nehmen und dies entsprechend ankündigen. Influencer nutzen soziale Netzwerke größtenteils beruflich und zeichnen sich, aufgrund ihrer Kommunikation und Inhalte, durch eine überdurchschnittliche Reichweite im Social Web für bestimmte Themen oder Märkte aus (BVDW, 2016). Digital Detox hat jedoch zahlreiche positive Auswirkungen. Es verbessert sich dadurch zum einen die Gedächtnisleistung und das Schlafverhalten, zum anderen steigert es die Empathie durch veränderte Inhalte von persönlichen Gesprächen (Otto, 2016, S. 134f.). Daher ist es auch beim privaten Gebrauch von sozialen Netzwerken sinnvoll, diese Art von digitalen Auszeiten zu praktizieren. Eine mögliche Unterstützung, um digitale Auszeiten in der Praxis umzusetzen, bietet beispielsweise auch die neue Funktion Apple Screen Time. Sie verdeutlicht den Nutzern und Nutzerinnen zum einen ihre wöchentlichen Nutzungszeiten (Apple, 2018), zum anderen kann, durch die Funktion App-Limits, die Nutzung von sozialen Netzwerken auf bestimmte Zeitspannen beschränkt werden (Apple, 2018). Durch die vorangegangenen Nutzungsempfehlungen und indem bei den Nutzenden ein Bewusstsein darüber geschaffen wird, wie sich Social Media auf ihre Persönlichkeit auswirkt, kann der Konsum von sozialen Netzwerken nachhaltig positiver gestaltet werden.

Literaturverzeichnis

Apple (2018). Pressemeldung: iOS 12 führt neue Funktionen zum Vermeiden von Unterbrechungen und zur Verwaltung der Screen Time ein. Abgerufen am 18.01.2020, von https://www.apple.com/de/news-room/2018/06/ios-12-introduces-new-features-to-reduce-interruptions-and-manage-screen-time/

ARD/ZDF-Forschungskommission (2019). ARD/ZDF-Onlinestudie 2019: Weiter zunehmende Mediennutzung im Internet. Abgerufen am 27.10.2019, von http://www.ard-zdf-onlinestudie.de/ardzdf-onlinestudie-2019/

Argyle, M. (2002). The psychology of happiness (2nd ed.). London: Routledge.

Argyle, M. & Martin, M. (1991). The psychological causes of happiness. In F. Strack, M. Argyle, & N. Schwarz (Eds.), Subjective well-being: an interdisciplinary perspective (pp. 77–100). Oxford: Pergamon Press.

Baker, Z. G., Krieger, H. & LeRoy, A. S. (2016). Fear of missing out: Relationships with depression, mindfulness, and physical symptoms. Translational Issues in Psychological Science, 2(3), 275–282. doi: 10.1037/tps0000075

Baumeister, R. F., Campbell, J. D., Krueger, J. I. & Vohs, K. D. (2003). Does high self-esteem cause better performance, interpersonal success, happiness, or healthier lifestyles? Psychological science in public interest, 4(1), 1-44. doi: 10.1111/1529-1006.01431

Bitkom (2018). Jeder Dritte kann sich ein Leben ohne Social Media nicht mehr vorstellen. Abgerufen am 20.12.2019, von https://www.bitkom.org/Presse/Presseinformation/Jeder-Dritte-kann-sich-ein-Leben-ohne-Social-Media-nicht-mehr-vorstellen.html

Blachnio, A., Przepiorka, A. & Pantic, I. (2016). Association between Facebook addiction, self-esteem and life satisfaction: A cross-sectional study. Computers in Human Behavior, 55, 701-705. doi: /10.1016/j.chb.2015.10.026

Bleidorn, W., Arslan, R. C., Denissen, J. J. A., Rentfrow, P. J., Gebauer, J. E., Potter, J. & Gosling, S. D. (2016). Age and gender differences in self-esteem - A cross-cultural window. Journal of Personality and Social Psychology, 111(3), 396–410. doi: 10.1037/pspp0000078

Google (2019). Google+ für private Konten wird am 2. April 2019 eingestellt. Abgerufen am 18.01.2020, von https://support.google.com/plus/answer/9195133?hl=de&ref_topic=9259565

Hahn, A. & Jerusalem, M. (2010). Die Internetsuchtskala (ISS): Psychometrische Eigenschaften und Validität. In D. Mücken, A. Teske, F. Rehbein, B. te Wildt (Hrsg.), Prävention, Diagnostik und Therapie von Computerspielabhängigkeit (S.185-204). Pabst.

Hawi, N. S. & Samaha, M. (2017). The relations among social media addiction, self-esteem and life satisfaction in university students. Social Science Computer Review, 35(5), 576-586. doi: 10.1177/0894439316660340

Hills, P. & Argyle, M. (2002). The oxford happiness questionnaire: A compact scale for the measurement of psychological well-being. Personality and Individual Differences, 33(7), 1073–1082. doi: /10.1016/S0191-8869(01)00213-6

Isen, A. M. & Levin, P. F. (1972). Effect of feeling good on helping: Cookies and kindness. Journal of Personality and Social Psychology, 21(3), 384–388. doi: 10.1037/h0032317

Ispaylar, A. (2016). Selbstreflexion. In D. Frey (Hrsg.), Psychologie der Werte (S. 177–186). Springer-Verlag Berlin Heidelberg.

Jan, M., Soomro, S. A. & Ahmad, N. (2017). Impact of social media on self-esteem. European Scientific Journal, 13(23), 329–341. doi: 10.19044/esj.2017.v13n23p329

Jünemann, A.-K. (2016). Selbstwert und Selbstvertrauen. In D. Frey (Hrsg.), Psychologie der Werte (S. 187–199). Springer-Verlag Berlin Heidelberg.

Kraut, R., Patterson, M., Lundmark, V., Kiesler, S., Mukopadhyay, T. & Scherlis, W. (1998). Internet Paradox – a social technology that reduces social involvement and psychological well-being? American Psychologist, 53 (9), 1017-1031. doi: 10.1037//0003-066x.53.9.1017

Leiner, D. J. (2012). Der Nutzen sozialer Online-Netzwerke. In U. Dittler (Hrsg.), Aufwachsen in sozialen Netzwerken. Chancen und Gefahren von Netzgemeinschaften aus medienpsychologischer und medienpädagogischer Perspektive (S. 111–128). München: kopaed.

Lobo, S. (2018). Soziale Medien – Nicht einmal Facebook versteht Facebook. Abgerufen am 20.12.2019, von https://www.spiegel.de/netz-welt/web/soziale-medien-das-realitaetsgefuehl-ist-die-neue-realitaet-a-1232508.html

Luhmann, M. (2015). R für Einsteiger: Einführung in die Statistiksoftware für die Sozialwissenschaften (4. Aufl.). Weinheim, Basel: Beltz.

Lyubomirsky, S., Tkach, C. & DiMatteo, M. R. (2006). What are the differences between happiness and self-esteem? Social Indicators Research, 78, 363–404. doi: 10.1007/s11205-005-0213-y

Montag, C. (2018). Homo Digitalis: Smartphones, soziale Netzwerke und das Gehirn. Wiesbaden: Springer Fachmedien Wiesbaden. doi: 10.1007/978-3-658-20026-8

Myers, D. G. (2000). The funds, friends and faith of happy people. American Psychologist, 55(1), 56-67. doi: 10.1037//0003-066X.55.1.56

Myers, D. G. (2014). Emotionen, Stress und Gesundheit. In D. G. Myers (Hrsg.), Psychologie (3. Aufl., S. 495-550). Springer-Verlag Berlin Heidelberg. doi: 10.1007/978-3-642-40782-6

Opprecht, S. (n. d.). Oxford Happiness Fragebogen. Abgerufen am 13.01.2020, von https://imagine-change.ch/wp-content/uploads/2017/08/Oxford-Happiness-Test1.pdf

Otto, D. (2016). Digital Detox: Wie Sie entspannt mit Handy & Co leben. Holz-kirchen: Springer-Verlag Berlin Heidelberg. doi: 10.1007/978-3-662-48967-3

Petersen, L.-E., Stahlberg, D. & Frey, D. (2006). Selbstwertgefühl. In D. Frey & H.-W. Bierhoff (Hrsg.), Handbuch Sozialpsychologie und Kommunikations-psychologie (S. 40–48). Göttingen: Hogrefe.

Przybylski, A. K., Murayama, K., DeHaan, C. R. & Gladwell, V. (2013). Motiva-tional, emotional, and behavioral correlates of fear of missing out. Computers in Human

Behavior, 29, 1841-1848. doi: 10.1016/j.chb.2013.02.014

Rosenberg, M., Schooler, C., Schoenbach, C. & Rosenberg, F. (1995). Global self-esteem and specific self-esteem: Different concepts, different outcomes. American Sociological Review, 60(1), 141–156. doi: 10.2307/2096350

Ruckriegel, K. (2015). Glücksforschung: Erkenntnisse und Konsequenzen. Internationale Zeitschrift für Philosophie und Psychosomatik Themenschwerpunkt "Glück und Leid", 2015(1), 1-8. Abgerufen am 06.01.2020 von http://www.izpp.de/fileadmin/user_upload/Ausgabe-1-2015/Ruckriegel.pdf

Ruggiero, T. E. (2000). Uses and gratifications theory in the 21st century. Mass communication & society, 3(1), 3–37. doi: 10.1207/S15327825MCS0301_02

Ryan, R. M. & Deci, E. L. (2001). On happiness and human potentials: A review of research on hedonic and eudaimonic well-being. Annual Review of Psychology, 52, 141-166. doi: 10.1146/annurev.psych.52.1.141

Satici, S. A. & Uysal, R. (2015). Well-being and problematic Facebook use. Computers in Human Behavior, 49, 185-190. doi: 10.1016/j.chb.2015.03.005

Schmidt, J.-H. (2018). Social Media (2. Aufl.). Springer Fachmedien Wiesbaden. doi: 10.1007/978-3-658-19455-0

Schmidt, J.-H. (2019). Filterblasen und Algorithmenmacht. Wie sich Menschen im Internet informieren. In C. Gorr & M. C. Bauer (Hrsg.), Gehirne unter Spannung: Kognition, Emotion und Identität im digitalen Zeitalter (S.35-51). Springer Verlag. doi: 10.1007/978-3-662-57463-8

Schorb, Bernd (2006). Identitätsbildung in der konvergenten Medienwelt. In U. Wagner & H. Theunert, (Hrsg.), Neue Wege durch die konvergente Medienwelt: Studie im Auftrag der Bayerischen Landeszentrale für neue Medien (BLM). BLM-Schriftenreihe Bd. 85 (S. 149-160). München: Verlag Reinhard Fischer.

Siepermann, M. (2018). Digital Native. Abgerufen am 25.12.2019, von https://wirtschaftslexikon.gabler.de/definition/digital-native-54496/version-277525

Siepermann, M. (2018). Digital Immigrant. Abgerufen am 25.12.2019, von https://wirtschaftslexikon.gabler.de/definition/digital-immigrant-54497/version-277526

Soltau, I. (2018). „FOMO" – Die Angst, etwas zu verpassen. Abgerufen am 18.01.2020, von https://www.tk.de/techniker/magazin/digitale-gesundheit/fomo-2048966

Sowislo, J. F. & Orth, U. (2013). Does low self-esteem predict depression and anxiety? A meta-analysis of longitudinal studies. Psychological Bulletin, 139(1), 213–240. doi: 10.1037/a0028931

Stangl, N. (2019). Exposé zur Bachelorarbeit mit dem Thema „Werden wir durch Social Media glücklicher? Eine empirische Untersuchung zum Nutzungsverhalten in sozialen Netzwerken in Bezug auf unser Glücksempfinden und unser Selbstwertgefühl.".

StatCounter. (2019). Marktanteile von Social-Media-Portalen in Deutschland von März 2019 bis September 2019. Abgerufen am 27.10.2019, von https://de.statista.com/statistik/daten/studie/559470/umfrage/marktanteile-von-social-media-seiten-in-deutschland/

Tiggemann, M. & Anderberg, I. (2019). Social media is not real: The effect of 'Instagram vs reality' images on women's social comparison and body image. New Media & Society, 49, 1-17. doi: 10.1177/1461444819888720

Unger, A. (2014). Identitätsbildung zwischen Kontrolle und Unverfügbarkeit. Die Rahmung von Interaktion, Selbstdarstellung und Identitätsbildung auf Social Network Sites am Beispiel Facebook. In R. Kammerl, A. Unger, P. Grell & T. Hug (Hrsg.), Jahrbuch Medienpädagogik 11: Diskursive und produktive Praktiken in der digitalen Kultur (S. 35-56). Springer VS. doi: 10.1007/978-3-658-06462-4

Universität Zürich (2018). Rangkorrelation nach Spearman. Abgerufen am 06.01.2020, von https://www.methodenberatung.uzh.ch/de/datenanalyse_spss/zusammenhaenge/rangkorrelation.html

Vigil, T. R. & Wu, H. D. (2015). Facebook users' engagement and perceived life satisfaction. Media and Communication, 3(1), 5–16. doi: 10.17645/mac.v3i1.199

Vogel, E. A., Rose, J. P., Roberts, L. R. & Eckles, K. (2014). Social comparison, social media, and self-esteem. Psychology of Popular Media Culture, 3(4), 206–222. doi: 10.1037/ppm0000047

Anhang

A Teststärkenanalyse vor der Datenerhebung

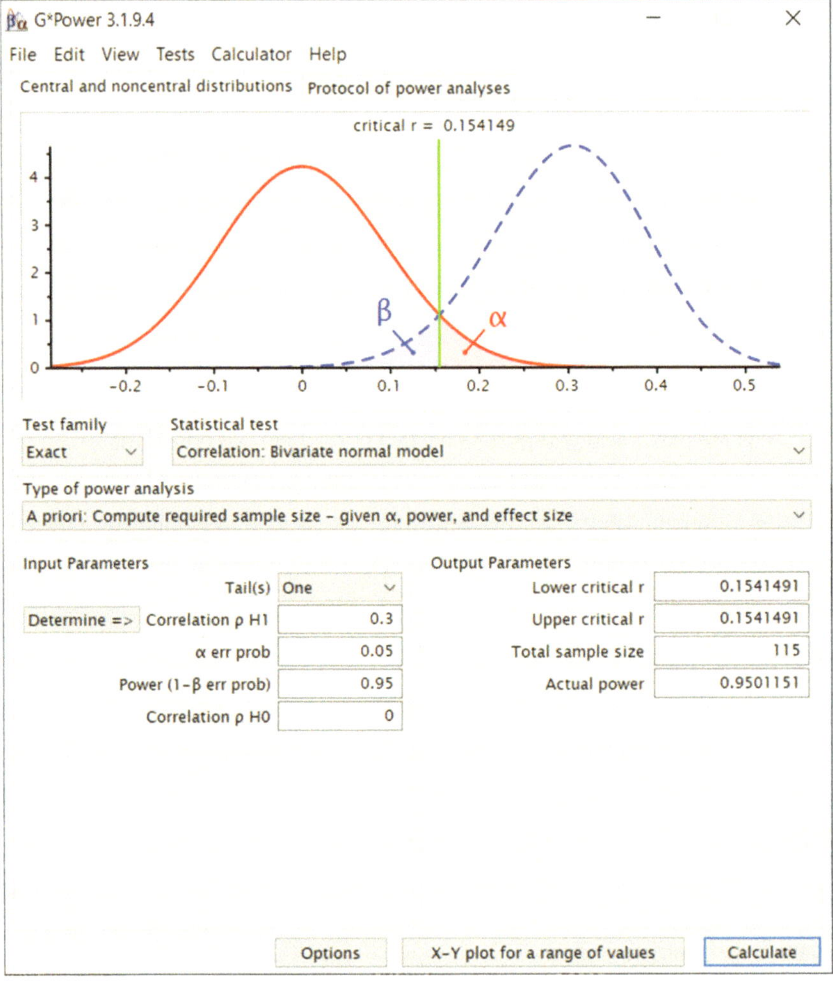

B Rücklaufstatistik

Rücklauf-Statistik

Bisher wurden **297** Interviews abgeschlossen.

Interviews: 296
Gültige Fälle: 254 - **Auswahlkriterien**
Pretests: 0
Datensätze inkl. Testdaten: 297
Stand: 15.12.2019, 17:22 Uhr

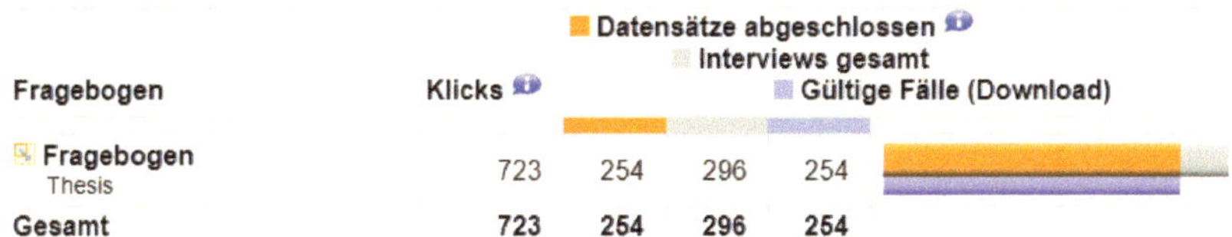

Fragebogen	Klicks	Datensätze abgeschlossen	Interviews gesamt	Gültige Fälle (Download)	
Fragebogen Thesis	723	254	296	254	
Gesamt	**723**	**254**	**296**	**254**	

Einzelstatistik zu Ausstiegsseiten
Bitte oben den entsprechenden Fragebogen anklicken

Fragebogen

Letzte bearbeitete Seite	Datensätze abgeschlossen / Interviews gesamt / kumulativ			
Seite **7**	254	254	254	
Seite **6**	0	10	264	
Seite **4**	0	5	269	
Seite **3**	0	2	271	
Seite **2**	0	25	296	
Gesamt	**254**	**296**		

Insgesamt wurden 723 Aufrufe (Klicks) für diesen Fragebogen aufgezeichnet (einschließlich versehentlicher doppelter Klicks, Aufrufe durch Suchmaschinen, ...).

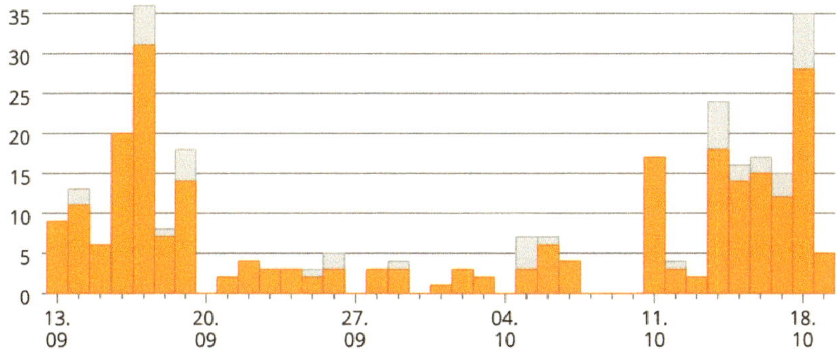

C Variablen Übersicht

Rubrik SD: Soziodemografische Merkmale

[SD01] ⊟ Dropdown-Auswahl
Alter

SD01 Alter
  3 = 18
  4 = 19
  5 = 20
  6 = 21
  7 = 22
  8 = 23
  9 = 24
  10 = 25
  11 = 26
  12 = 27
  13 = 28
  14 = 29
  15 = 30
  16 = 31
  17 = 32
  18 = 33
  19 = 34
  20 = 35
  21 = 36
  22 = 37
  23 = 38
  24 = 39
  25 = 40
  26 = 41
  27 = 42
  28 = 43
  29 = 44
  30 = 45
  31 = 46
  32 = 47
  33 = 48
  34 = 49
  35 = 50
  36 = 51
  37 = 52
  38 = 53
  39 = 54
  40 = 55
  41 = 56
  42 = 57
  43 = 58
  44 = 59
  45 = 60
  46 = 61
  47 = 62
  48 = 63
  49 = 64
  50 = 65
  51 = 66
  52 = 67
  -9 = nicht beantwortet

[SD02] ⊡ Dropdown-Auswahl
Geschlecht

SD02 Geschlecht

  1 = weiblich
  2 = männlich
  -9 = nicht beantwortet

Rubrik SW: Selbstwertgefühl

[SW01] ⊡ Skala (Zwischenwerte beschriftet)
Selbstwertgefühl

SW01_01 Alles in Allem bin ich zufrieden mit mir selbst.

SW01_03 Ich besitze eine Reihe guter Eigenschaften.

SW01_04 Ich kann vieles genau so gut wie die meisten anderen Menschen.

SW01_07 Ich halte mich für einen wertvollen Menschen, jedenfalls bin ich nicht weniger wertvoll als andere.

SW01_10 Ich habe eine positive Einstellung zu mir selbst gefunden.

  1 = trifft gar nicht zu
  2 = trifft eher nicht zu
  3 = trifft größtenteils zu
  4 = trifft völlig zu
  -9 = nicht beantwortet

SW01_02 Hin und wieder denke ich, dass ich gar nichts tauge. (umgepolt)

SW01_05 Ich fürchte, es gibt nicht viel, worauf ich stolz sein kann. (umgepolt)

SW01_06 Ich fühle mich von Zeit zu Zeit richtig nutzlos. (umgepolt)

SW01_08 Ich wünschte, ich könnte vor mir selbst mehr Achtung haben. (umgepolt)

SW01_09 Alles in Allem neige ich dazu, mich für einen Versager zu halten. (umgepolt)

  1 = trifft völlig zu
  2 = trifft größtenteils zu
  3 = trifft eher nicht zu
  4 = trifft gar nicht zu
  -9 = nicht beantwortet

Rubrik GE: Glücksempfinden

[GE01] ⊡ Skala (Zwischenwerte beschriftet)
Glücksempfinden

GE01_01 So, wie ich bin, fühle ich mich nicht besonders wohl. (umgepolt)
GE01_05 Ich wache selten ausgeruht auf. (umgepolt)
GE01_06 Ich bin nicht sonderlich optimistisch in Bezug auf die Zukunft. (umgepolt)
GE01_10 Ich glaube nicht, dass die Welt ein guter Ort ist. (umgepolt)
GE01_13 Ich glaube nicht, dass ich attraktiv bin. (umgepolt)
GE01_14 Es besteht eine Kluft zwischen dem, was ich tun will und dem was ich getan habe.
(umgepolt)
GE01_19 Ich fühle, dass ich nicht besonders viel Kontrolle über mein Leben habe. (umgepolt)
GE01_23 Mich zu entscheiden, fällt mir schwer. (umgepolt)
GE01_24 Ich sehe keinen bestimmten Sinn und Zweck in meinem Leben. (umgepolt)
GE01_27 Ich habe keinen Spaß mit anderen Menschen. (umgepolt)
GE01_28 Ich fühle mich nicht sonderlich gesund. (umgepolt)
GE01_29 Ich habe keine besonders glücklichen Erinnerungen an die Vergangenheit. (umgepolt)

1 = stimmt absolut
2 = stimmt häufig
3 = stimmt ein wenig
4 = stimmt teilweise nicht
5 = stimmt häufig nicht
6 = stimmt absolut nicht
-9 = nicht beantwortet

GE01_02 Mich interessieren andere Menschen.
GE01_03 Ich finde das Leben sehr lebenswert.
GE01_04 Ich habe anderen gegenüber warmherzige Gefühle.
GE01_07 Ich finde so manches belustigend.
GE01_08 Ich bin immer engagiert und beteiligt.
GE01_09 Das Leben ist gut.
GE01_11 Ich lache viel.
GE01_12 Ich bin mit allem in meinem Leben zufrieden.
GE01_15 Ich bin sehr glücklich.
GE01_16 Ich kann in allem etwas Schönes finden.
GE01_17 Ich habe immer eine aufheiternde Wirkung auf andere.
GE01_18 Für das, was ich wirklich tun will, finde ich auch Zeit.
GE01_20 Ich bin imstande, die Dinge anzugehen und könnte Bäume ausreißen.
GE01_21 Ich fühle mich geistig fit.
GE01_22 Ich erlebe oft Freude und Begeisterung.
GE01_25 Ich fühle mich energiegeladen.
GE01_26 Normalerweise habe ich mein Leben im Griff.

1 = stimmt absolut nicht
2 = stimmt häufig nicht
3 = stimmt teilweise nicht
4 = stimmt ein wenig
5 = stimmt häufig
6 = stimmt absolut
-9 = nicht beantwortet

Rubrik SM: Social Media Nutzungsverhalten

[SM01] ☐ Skala (Zwischenwerte beschriftet)
Art der genutzten Netzwerke

SM01_01 Facebook
SM01_02 Google+
SM01_03 XING
SM01_04 LinkedIn
SM01_05 Twitter
SM01_06 YouTube
SM01_07 Instagram
SM01_08 Snapchat
SM01_09 Pinterest

1 = mehrmals täglich
2 = täglich
3 = wöchentlich
4 = selten
5 = nie
-9 = nicht beantwortet

[SM02] ☐ Texteingabe offen
Häufigkeit der Nutzung

SM02_01 ... Stunden
Offene Eingabe (Dezimalzahl)

[SM03] ☐ Mehrfachauswahl
Grund für die Nutzung

SM03 Grund für die Nutzung: Ausweichoption (negativ) oder Anzahl ausgewählter Optionen
Ganze Zahl

SM03_01 von den Aktivitäten meiner Freunde zu erfahren
SM03_02 über aktuelle Nachrichten informiert zu werden
SM03_03 meine freie Zeit zu füllen
SM03_04 unterhaltsame Inhalte zu finden
SM03_05 mich mit anderen Leuten zu verbinden
SM03_06 Fotos oder Videos mit anderen zu teilen
SM03_07 meine Meinung zu verbreiten
SM03_08 Produkte zu suchen, finden und zu kaufen

1 = nicht gewählt
2 = ausgewählt

[SM04] ☐ Dropdown-Auswahl
private / berufliche Nutzung

SM04 private / berufliche Nutzung

1 = nur privat
2 = nur beruflich
3 = sowohl privat als auch beruflich
-9 = nicht beantwortet

[SM05] ⊡ Skala (Zwischenwerte beschriftet)
FOMO

SM05_06 Ich fürchte, dass andere angenehmere Erlebnisse haben als ich.

SM05_01 Ich befürchte, dass meine Freunde lohnendere Erlebnisse haben als ich.

SM05_07 Ich bin beunruhigt, wenn ich herausfinde, dass meine Freunde ohne mich Spaß haben.

SM05_03 Ich werde ungeduldig, wenn ich nicht weiß, was meine Freunde tun.

SM05_02 Es ist mir wichtig, dass ich die Witze meiner Freunde verstehe.

SM05_08 Manchmal frage ich mich, ob ich zu viel Zeit damit verbringe, einen Überblick darüber zu behalten, was alles passiert.

SM05_09 Es ärgert mich, wenn ich eine Möglichkeit verpasse, mich mit meinen Freunden zu treffen.

SM05_04 Wenn ich eine tolle Zeit habe, dann ist es mir wichtig die Details online zu teilen (z.B. Statusupdate).

SM05_10 Es ärgert mich, wenn ich ein geplantes Treffen mit Freunden verpasse.

SM05_05 Auch im Urlaub behalte ich im Auge, was meine Freunde machen.

1 = trifft gar nicht zu
2 = trifft eher nicht zu
3 = trifft etwas zu
4 = trifft eher zu
5 = trifft voll und ganz zu
-9 = nicht beantwortet

[SM06] ⊡ Skala (Extrema beschriftet)
Abhängigkeit von sozialen Netzwerken

SM06_01 Ich verpasse es, geplante Aufgaben aufgrund der Nutzung von sozialen Netzwerken zu erledigen.

SM06_02 Es fällt mir schwer, mich aufgrund der Nutzung von sozialen Netzwerken in der Schule, Studium oder während der Arbeit zu konzentrieren.

SM06_03 Ich empfinde Schmerzen in Handgelenk oder Nacken während der Nutzung von sozialen Netzwerken.

SM06_04 Für mich wäre es nicht auszuhalten, keine sozialen Netzwerke zu nutzen.

SM06_05 Ich fühle mich ungeduldig und unruhig, wenn ich soziale Netzwerke nicht nutzen kann.

SM06_06 Ich denke sogar dann an soziale Netzwerke, wenn ich sie nicht nutze.

SM06_07 Ich werde niemals aufhören soziale Netzwerke zu nutzen, selbst dann nicht, wenn mein Alltag bereits äußerst stark davon beeinflusst ist.

SM06_08 Ich überprüfe soziale Netzwerke andauernd, um keine Konversation zwischen anderen Menschen zu verpassen.

SM06_09 Ich nutze soziale Netzwerke länger als beabsichtigt.

SM06_10 Die Menschen um mich herum sagen mir, dass ich soziale Netzwerke zu stark nutze.

1 = Ich stimme überhaupt nicht zu
6 = Ich stimme stark zu
-9 = nicht beantwortet

D Grafische Darstellungen

Boxplot Selbstwertgefühl

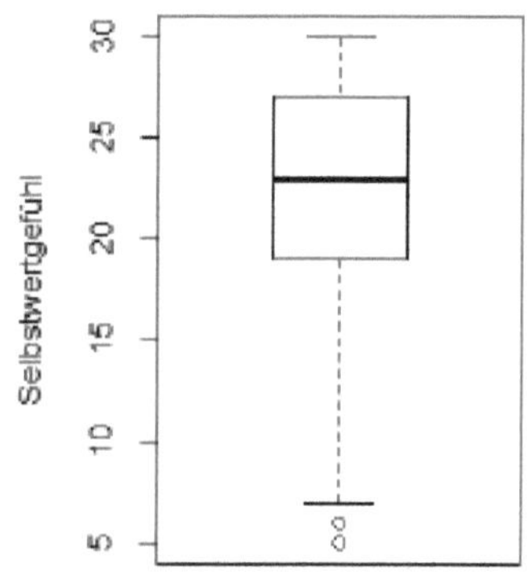

Boxplot Glücksempfinden

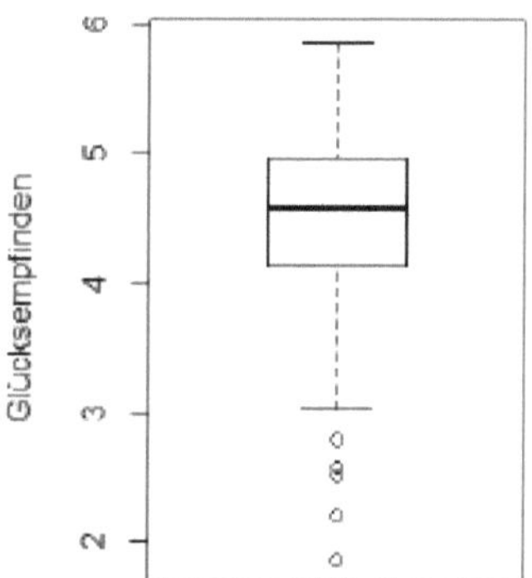

Boxplot FOMO

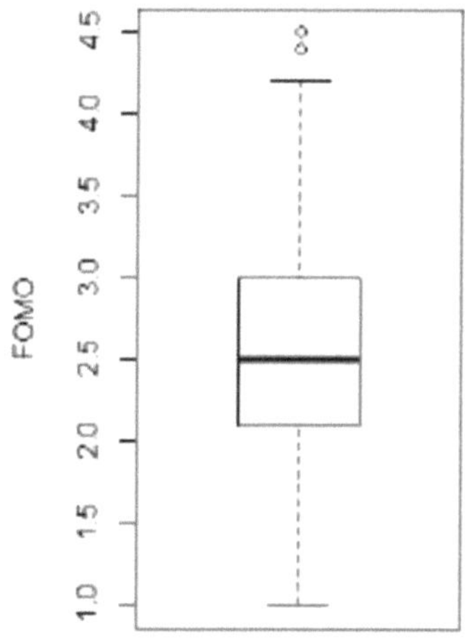

Boxplot tägliche Nutzungsdauer

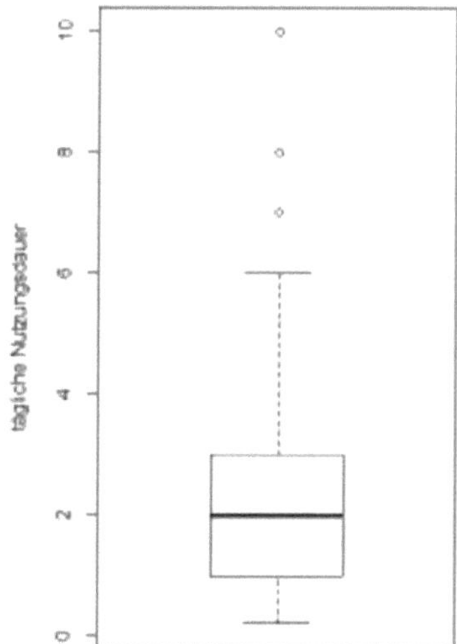

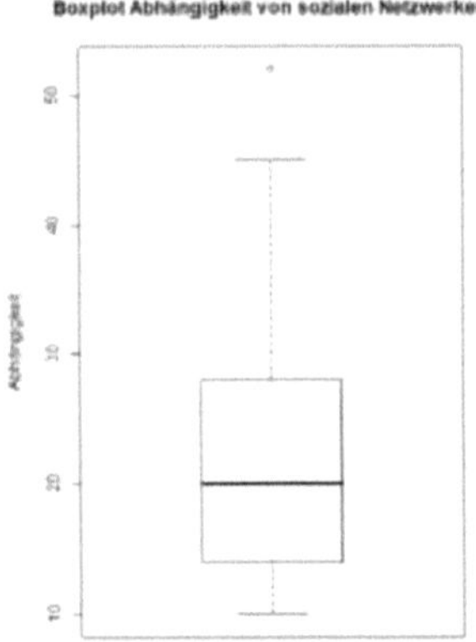
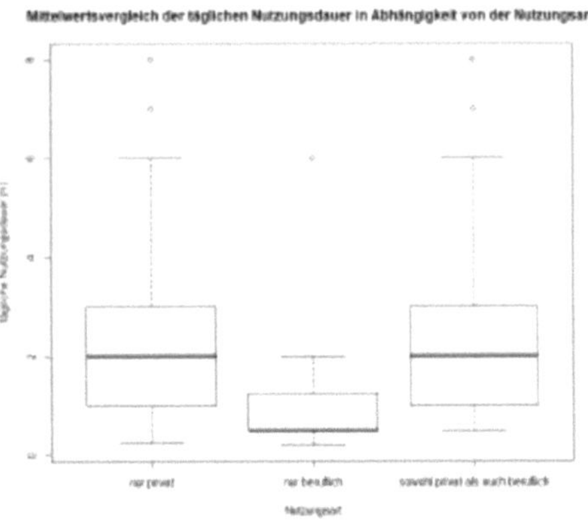

E R-Skript der Inferenzstatistik

Testen der H₁: Es besteht ein negativer Zusammenhang zwischen der täglichen Nutzungsdauer von sozialen Netzwerken und dem Glücksempfinden.

```
cor.test(tägliche_Nutzungsdauer, Glücksempfinden, method = "spearman")

## Warning in cor.test.default(x, y, ...): Cannot compute exact p-valu
e with ties

##
##  Spearman's rank correlation rho
##
## data:  x and y
## S = 3358876, p-value = 8.518e-05
## alternative hypothesis: true rho is not equal to 0
## sample estimates:
##        rho
## -0.2444871
```

Testen der H2: Es besteht ein negativer Zusammenhang zwischen der täglichen Nutzungsdauer von sozialen Netzwerken und dem Selbstwertgefühl.

```
cor.test(tägliche_Nutzungsdauer, Selbstwertgefühl, method = "spearman"
)

## Warning in cor.test.default(x, y, ...): Cannot compute exact p-valu
e with ties

##
##  Spearman's rank correlation rho
##
## data:  x and y
## S = 3614642, p-value = 3.123e-08
## alternative hypothesis: true rho is not equal to 0
## sample estimates:
##        rho
## -0.3392503
```

Testen der H₃: Es besteht ein negativer Zusammenhang zwischen der Angst auf sozialen Netzwerken etwas zu verpassen und dem Selbstwertgefühl.

```
cor.test(FOMO, Selbstwertgefühl, method = "spearman")

## Warning in cor.test.default(x, y, ...): Cannot compute exact p-valu
e with ties

##
##  Spearman's rank correlation rho
##
## data:  x and y
## S = 3852165, p-value = 1.196e-12
## alternative hypothesis: true rho is not equal to 0
## sample estimates:
##        rho
## -0.4272544

lm(Selbstwertgefühl~FOMO)

##
## Call:
## lm(formula = Selbstwertgefühl ~ FOMO)
##
## Coefficients:
## (Intercept)          FOMO
##      30.781        -3.373

Reg.Model1 <- lm(Selbstwertgefühl~FOMO)
summary(Reg.Model1)
```

```
## 
## Call:
## lm(formula = Selbstwertgefühl ~ FOMO)
## 
## Residuals:
##      Min       1Q   Median       3Q      Max
## -19.7209  -2.6850   0.6524   3.3510   9.3630
## 
## Coefficients:
##             Estimate Std. Error t value Pr(>|t|)
## (Intercept)  30.7809     1.1567  26.611  < 2e-16 ***
## FOMO         -3.3733     0.4415  -7.641 4.55e-13 ***
## ---
## Signif. codes:  0 '***' 0.001 '**' 0.01 '*' 0.05 '.' 0.1 ' ' 1
## 
## Residual standard error: 4.835 on 251 degrees of freedom
## Multiple R-squared:  0.1887, Adjusted R-squared:  0.1855
## F-statistic: 58.39 on 1 and 251 DF,  p-value: 4.546e-13

qplot(x = FOMO, y = Selbstwertgefühl, geom = "point", xlab = expressio
n("FOMO"), ylab = expression("Selbstwertgefühl")) + geom_smooth(method
 = "lm")
```

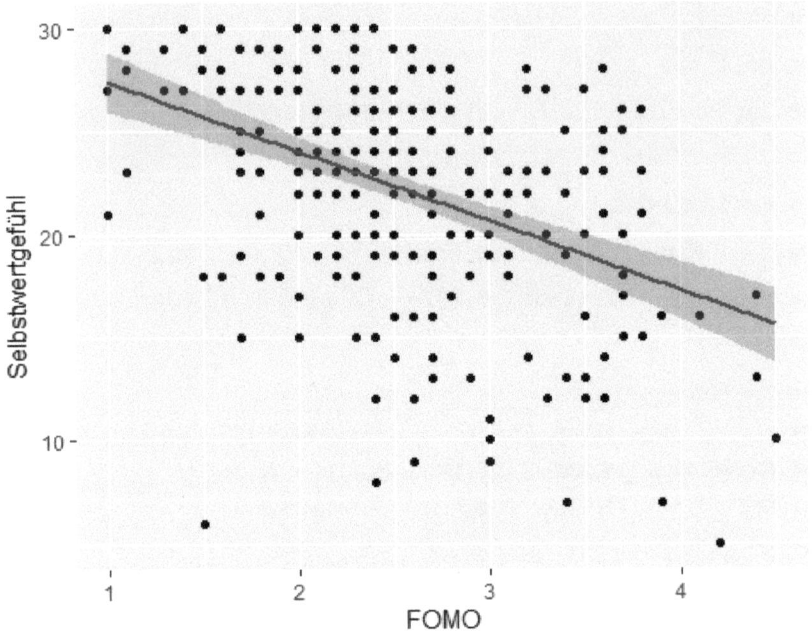

Testen der H₄: Es besteht ein negativer Zusammenhang zwischen der Abhängigkeit von sozialen Netzwerken (Social Media Sucht) und dem Glücksempfinden.

```
cor.test(Abhängigkeit, Glücksempfinden, method = "spearman")

## Warning in cor.test.default(x, y, ...): Cannot compute exact p-valu
e with ties

##
##  Spearman's rank correlation rho
##
## data:  x and y
## S = 3668650, p-value = 4.012e-09
## alternative hypothesis: true rho is not equal to 0
## sample estimates:
##        rho
## -0.3592607
```